华尔街资深投资经理谈策略

——在各种类型市场中的投资获利之道

〔美〕加里·卡明斯基　著
王仕英　译

地震出版社
Seismological Press

图书在版编目（CIP）数据

华尔街资深投资经理谈策略：在各种类型市场中的投资获利之道/（美）卡明斯基（Kaminsky，G.）著；王仕英译．—北京：地震出版社，2015.2
书名原文：Smarter than the street：invest and make money in any market
ISBN 978-7-5028-4513-1

Ⅰ.①华…　Ⅱ.①卡…　②王…　Ⅲ.①投资—经验　Ⅳ.①F830.59

中国版本图书馆 CIP 数据核字（2014）第 295082 号

Gary Kaminsky
Smarter Than the Street：Invest and Make Money in Any Market
ISBN 978—0—07—174922—0

著作权合同登记　图字：01—2014—2776
地震版　XM3386

华尔街资深投资经理谈策略——在各种类型市场中的投资获利之道

〔美〕加里·卡明斯基　著
王仕英　译

责任编辑：薛广盈
责任校对：凌　樱

出版发行：地震出版社
北京市海淀区民族大学南路 9 号　　邮编：100081
发行部：68423031　68467993　　传真：88421706
总编室：68462709　68423029　　传真：68455221
证券图书事业部：68426052　68470332
http：//www.dzpress.com.cn
E-mail：zqbj68426052@163.com
经销：全国各地新华书店
印刷：廊坊市华北石油华星印务有限公司

版（印）次：2015 年 2 月第一版　2015 年 2 月第一次印刷
开本：787×1092　1/16
字数：226 千字
印张：13
印数：0001～5000
书号：ISBN 978-7-5028-4513-1/F（5205）
定价：40.00 元
（图书出现印装问题，本社负责调换）

我要把此书献给罗莉——我结婚21年的妻子。她是我最好的朋友，也是唯一愿意忍受我在我们婚姻中每一天所做出的一切荒谬行为的女人，我无法想象其他任何女人会像她一样；我还要把此书献给我的三个儿子——詹姆斯、汤米和威利，他们聪颖、有才华，他们每个人都注定会实现各自想要在生命中实现的一切。

目 录

第二部分 表现优异的策略与行为准则

推荐序

投资是一项艰难的工作，精明投资则更加艰难，而讲解如何投资还面临着一种截然不同的挑战。在《华尔街资深投资经理谈策略——在各种类型市场中的投资获利之道》一书中，加里·卡明斯基凭借自己的知识，迎接了这一挑战：他选择了一个复杂的课题，并且用通俗易懂的文字对这一课题进行了介绍。

从某种程度上说，加里在自己整个投资生涯中都在从事这项工作。从他在纽伯格伯曼资产管理公司（Neuberger Berman）与我们共事开始，加里就是卡明斯基团队的一名领导人，而该团队是我们最大、最成功的团队之一，它是我们面向客户和外界的一个关键代言人。这本书中的内容所展示的就是这个独一无二的、有见识的团队的智慧。

作为纽伯格伯曼的总裁兼首席投资官，与我们最具天赋的资金管理团队进行交流是我每天工作的一个核心部分。我们很难找到比加里更热衷于投资的人。我在公司任职期间，加里一直信仰我们这个合伙公司的企业文化，即一种“研究为本，逆向思考”的投资文化，该文化自我们公司于1939年成立以来，一直很好地服务于我们**纽伯格伯曼资产管理公司。**

在纽伯格伯曼资产管理公司，加里在卡明斯基团队建设中扮演着关键性的角色。他秉承互助友爱的原则，致力于建立一支亲密无间的团队。该团队的每一位成员都深感自己对于团队的整体成功十分重要。反过来促成了该团队出色的投资业绩。毫无疑问，当你让自己手下的所有人都竭尽全力时，你就会成功。

加里和其他所有人一样明白，在纽伯格伯曼资产管理公司，顾客至上，而他也确保自己每一天都践行着这一准则。即使在2000～2002年期间互联网泡沫破裂这样恶劣的市场环境当中，他也能够集中精力保全资本，这是所有成功投资经理人都具备的特质。

此外，加里还是一名善于打破常规的思考者。他总是可以打破“从众心理”，发现投资机会。他有着强烈的投资直觉，同时也了解各种各样的资产类别。

促使加里在纽伯格伯曼成功的，是他天生能够和任何一个人相处融洽的能力——不管这个人在投资方面是多么的经验丰富，还是多么的缺乏经验；不管这个人的社会地位多高，还是多低。这一点从本书的写作方法中清晰可见。

加里的《华尔街资深投资经理谈策略——在各种类型市场中的投资获利之道》几乎可以使得任何一名读者变得更加有头脑，更加有原则，最终成为一名更加高效的投资者。即使是那些只是一时对金融市场感兴趣的读者也会发现本书十分有价值。不管你是一名投资新手，还是一名经验丰富的职业投资者，你都可以从本书当中吸收到一些重要的理念，这些理念将有助于你以自己或许从未想象过的方式接近市场。

在《华尔街资深投资经理谈策略——在各种类型市场中的投资获利之道》一书的第一部分内容当中，加里着重阐述了过去 10 年的市场波动，并且让读者了解到了未来 10 年所有投资者都会面临的重大挑战。在第二部分内容当中，他针对如何在这些不稳定的市场中高效选股给出了具体的建议。

要遇见一本值得一读的投资类书籍极其难得。我确信你将从《华尔街资深投资经理谈策略——在各种类型市场中的投资获利之道》一书中获得一些宝贵的知识，这些知识将在未来几年当中为你提供很好的帮助。

——纽伯格伯曼资产管理公司总裁约瑟夫 V. 阿马托

前　言

这是一本已经酝酿多年的书。事实上，我多年以前就想撰写这本书，但由于我当时还是一名全职的投资经理人，因此一直无法挤出时间。那么是什么促使我现在写作这本书呢？这当然与金钱、名利以及其他任何一种成功的作者所能够获得的身外之物无关。事实是，我感觉到自己已经不得不写作本书了，因为在近 20 年的时间当中，我管理着他人的资金，亲眼见到了大量被设计来抑制个人投资者的不公正行为。这就是我写作本书的原因。我相信，一旦有人让投资者们了解到了华尔街上那些伟大的营销机器是如何被设计出来使他们上当的，他们就会有机会与华尔街上哪怕最大的玩家们在一个公平的环境中竞争。本书的目的十分明确：揭露华尔街上“火腿”的制作过程①，为每一名投资者提供在所有市场上获利所需要的工具。

我曾 200 多次出现在美国全国广播公司财经频道（CNBC）② 的各大最受欢迎的节目中，其中包括《财经论坛》（Squawk Box）（最受欢迎的早间节目），《美国收盘报道》（Closing Bell）（午间节目），《快速赚钱》（Fast Money）③（梅丽莎·李主持的晚间节目），以及我 2010 年出席的美国 CNBC《战略会议》（Strategy Session）——我已经被誉为华尔街最成功的、最直言不讳的投资经理人。作为纽伯格伯曼资产管理公司的总经理，我的团队被称为“卡明斯基团队”，该团队的表现通常都会跑赢大盘，并且其收

① sausage making，火腿的制作，这里借用汤玛斯·杰弗逊曾经的一个著名论断：“意志不够坚定者不要观看两样东西：火腿的制作和国会的立法过程。”指的是骗局的形成。

② 全称 Consumer News and Business Channel，CNBC 是美国全国广播公司 NBC——National Broadcasting Company 的下属公司，是 NBC 和道琼斯公司合办的频道，专门播送商业新闻和实时金融信息。

③ 该节目号称是 CNBC 最受欢迎的节目，聚集了一帮包括当今美国前 100 名最优秀的专业交易者。

益率经常跑赢标准普尔500指数200%以上。并且，我们在所有类型的市场上，不管是上行、下行，还是横向市场上，都取得了这样的成绩。

以下是一些实例：从2002年的各个低点到2008年的各个高点期间，我的团队创造出了超过标准普尔100%以上的惊人收益率。仅有保守型投资——即买入某种指数基金——创造出的收益相对较弱。

由于整本书中我经常会把注意力集中于标准普尔指数上，因此我们有必要就标准普尔指数的定义达成共识。根据标准普尔的定义，标普500指数是500只股票的市值加权指数，它用来衡量美国国内的经济状况。该指数的成分股由标普独立确定。

我的团队表现的另一个例子：1999～2008年期间，我们所管理的资产从20亿美元增长到了略低于130亿美元的水平。2007年6月30日到2008年6月30日期间，标普500指数的年收益率为2.88%；同一时期，我的团队的股票收益率却超过了11%，这相当于标普500指数收益率的400%左右。这种收益率是可以让所有投资者感到兴奋的收益率（表1和表2，完整呈现了标普500指数和团队的年收益率和年化收益）。我们取得这样的成绩靠得不是魔法，而是通过制定出一个具体的策略，然后不管投资环境如何都坚守这一策略。该策略是几乎任何人都能够学会的。本书的一个主要目的就是，把这一策略一步一步地展现给个人投资者。但是，正如我将在整本书当中所讨论的，这种策略需要投资者时刻警惕，积极主动地采取行动。

表1　投资表现（截止2008年6月30日的各个时期）

	年化收益率（%）（截止2008年6月30日的各个时期）						
	2008年	年初至今	1年	3年	5年	10年	自1996年团队建立之初
总投资组合收益率（扣除费用后）	3.92	-2.66	-0.98	10.09	12.43	7.89	11.24
股票收益率（扣除费用前）	5.55	-3.05	0.59	13.34	16.76	11.08	14.50
罗素300指数	-1.69	-11.05	-12.69	4.73	8.37	3.51	6.85
标普500指数	-2.73	-11.91	-13.12	4.41	7.58	2.88	6.60

年收益率（%）
（截止 12 月 31 日的各个时期）

	2007	2006	2005	2004	2003	2002	2001	2000	1999	1998	1997
总投资组合收益率（扣除费用后）	10.54	14.47	11.68	18.02	21.33	-10.39	-2.43	1.28	27.43	19.31	28.38
股票收益率（扣除费用前）	14.46	18.58	15.29	24.29	31.46	-14.89	-4.04	1.84	35.92	29.18	31.06
罗素 300 指数	5.14	15.72	6.12	11.95	31.06	-21.54	-11.46	-7.46	20.90	24.14	31.78
标普 500 指数	5.49	15.79	4.91	10.88	28.68	-22.10	-11.88	-9.11	21.04	28.58	33.36

表 2　投资表现（截止 2008 年 6 月 30 日的各个时期）

	复合收益（%）			基准指数收益（%）		复合收益				
	复合总收益（扣除费用前）	复合股票收益（扣除费用前）	复合总收益（扣除费用用）	罗素 300 指数	标普 500 指数	账户数	市场价值（百万）	集团综合管理资产（百万）	公司总资产（十亿）	资产加权标准差
年初至6月8日	—	-3.05	-2.66	-11.05	-11.91	2730	4780.1	5153.1	—	—
2007	—	14.46	10.54	5.14	5.49	2699	4936.1	5296.3	148.5	5.0
2006	—	18.58	14.47	15.72	15.79	2524	4430.9	4692.7	127.0	4.9
2005	12.61	15.29	11.68	6.12	4.91	2199	3664.5	3664.5	105.9	5.6
2004	19.01	24.29	18.02	11.95	10.88	1618	2662.9	2662.9	82.9	6.1
2003	22.37	31.46	21.33	31.06	28.68	1264	1933.3	1933.3	70.05	7.9
2002	-9.56	-14.89	-10.39	-21.54	-22.10	898	1203.7	1203.7	56.1	6.2
2001	-1.48	-4.04	-2.4	-11.46	-11.88	729	905.8	905.8	59.0	10.8
2000	2.30	1.84	1.28	-7.46	-9.11	661	864.2	864.2	55.5	13.8
1999	28.96	35.92	27.43	20.90	21.01	42	53.3	53.3	54.4	10.1
1998	20.86	29.18	19.31	24.14	28.58	9	8.5	8.5	55.6	4.0

我认为，我的投资团队如此成功的其中一个原因是，我们在管理他人的资金时，坚守我们所遵循的交易准则。我们的投资方法和交易准则已经在上行、下行和横向市场中都得到了验证。换句话说，如果你遵循我们的方法，你不只是可以在绝大多数市场上获利，你还能在周围的人都输得精光时，比他们遭受少得多的损失。

一个很不幸的事实是，绝大多数投资者不具备与职业投资者打成平手，或者是胜过职业投资者所需要的行为准则。然而，在不考虑技术水平和知识水平的情况下，几乎所有的投资者都具备遵循一套投资行为准则的能力，而这套准则将帮助他们与职业投资者进行公平竞争。

但是，投资者们必须了解，当市场横向波动时，万万不可消极应对，尽管华尔街上数亿美元的市场营销活动试图证明投资者们应该消极应对。

本书的另一个目的是，让读者明白投资更像是下象棋，而不是下跳棋。如果想胜过你的对手，你就需要未雨绸缪。且每一位投资者都需要适当的心态和情绪上的自律才能获胜。为了获得这种至关重要的心态，投资者需要了解是什么促使他们有不同的选择，要判断出市场背后正在发生着什么。总之，本书的最主要目的就是，把帮助我和我的团队多年以来跑赢市场的习惯性动作、交易法则、交易习惯和投资策略慢慢地灌输给投资者们。

但是，我会告诉投资者们如何通过每周只投入3～5个小时的时间来进行股市研究，就能获得我们所获得的这种超高的收益率。你不必像专业的投资经理人一样投入大量的时间，只需要每天花费不到一个小时的时间，你就可以做出顶尖的投资经理人经常所做出的投资决定。一旦我告诉你要获取什么信息，以及如何获取，那么接下来的事情就非常简单了，不管你目前在投资方面的知识水平如何。

现如今，控制好你未来的财务状况比以往任何时候都要重要。这是因为，研究表明，与1987年之前的几十年相比，在过去20多年当中，跑赢标普500指数的投资经理人的比例大大下降。

综上所述，这将是一本内容丰富的书籍，它将带领读者了解市场背后的故事，给读者一张后台通行证，让读者看到自己平时所看不到的隐藏在华尔街大幕背后的一切。

※　※　※　※

《华尔街资深投资经理谈策略——在各种类型市场中的投资获利之道》不只是一本投资类书籍，它还是一本声明性的、揭露性的书籍，它揭秘华尔街，进行大胆的预测，把华尔街和其他投资经理人们不想让投资者们知道的信息告诉投资者。事实上，绝大多数投资经理人都不在乎他们的客户是否获利。怎么会这样呢？因为绝大多数投资经理人都是为拥有各种类型客户的投资公司效劳的，而这些投资公司最主要的目的可能并不是为个人投资者的投资组合获利。

例如，那些已经获利的投资者关注的是资金保护。但是，经纪人和投资经理人通常都是在人们买进更多而不是更少的股票和理财产品时获利。因此，个人投资者的目标和投资机构的目标相互冲突的情况并不少见。你的个人意愿可能是“这样”，但投资机构却希望你“那样”。

一些投资经理人的确把管理客户的资金当作自己最主要的工作，但是在这些经理人当中，许多经理人更加关注自己相对于标普500指数的表现，而不是客户的绝对收益。现如今，许多“积极的投资经理人”实际上只是经过伪装的“被动型指数跟踪者”（closet indexers），我曾经在美国CNBC上普及过这一词汇。这意味着他们买入了大量的蓝筹股，以至于他们的表现只是与标普500指数的表现持平。在一个关注相对表现的世界当中，要实施一项以获得绝对收益为目的的投资计划，第一步就是要了解投资经理人们是如何操作的。

下面的例子就揭示了一般投资经理人的一些想法：如果标普500指数某一时期下降20%，而该经理人的基金同一时期仅缩水10%，那么该经理人就会认为这是一种了不起的表现。这样一来，投资经理人就可以向投资者们宣传说他们已经以2：1的成绩跑赢华尔街。作为一名投资经理人，在我所建立的且以此为操作准则的游戏规则下，这样的情形是绝对不能接受的。在我的世界中，**赔钱从来就不是一种可接受的结果。**

另外一种对投资的误解是，始终有人认为应该在买入一只共同基金或是其他任何一种投资产品时，避免支付任何形式的费用。这条准则实施起来有一点困难。对于那些被动型指数投资经理人来说，负担任何形式的费用都是一种负担，都绝对是在拿钱打水漂。这是因为，正如我们所讨论过的，他们的最终收益很可能与标普500指数的收益大致相同——而任何人都可以在支付的费用还买不到一张纽约城电影票的情况下，以买入ETF（股票代码：SPY）的形式买入这一指数。

我会说明投资者为什么需要独出心裁，同时也需要学习他人的投资理念。因为CNBC上的某位分析师推荐或是贬低某一只股票而作出投资决策是一种愚蠢的行为。

但是，投资者可以借助于各个网站来使自己成为一名更加优秀的投资者。在本书的第九章当中，我会向投资者推荐一些每天都要浏览的网站，我也会说明投资者应当分别从这些网站当了解什么（这些网站是我每天都会浏览的网站。)。

此外，还有一些公司网站也可以在你想要赢得投资游戏时，为你提供大量的帮助。最后，我还有几个重要的华尔街私人博客要向投资者们推荐。我不会在此透露他们的身份，但是我会在第九章当中对他们进行详细介绍。借助于这些网站将有利于你缩小股票研究的范围，使你在投资的各个方面都做好更加充分的准备。

※　※　※　※

在《华尔街资深投资经理谈策略——在各种类型市场中的投资获利之道》一书中，我还做了一些其他投资类书籍从未做过的尝试：我一步一步地向个人投资者说明了如何在市场横向波动时获利。在我的记忆中，还没有一本投资类书籍做过这样的尝试。市场上存在着一些以假设市场长期是强劲的牛市为基础的伟大书籍（杰里米·西格尔的《股市长线法宝》就是其中之一，该书目前已经第四次出版。）；相反，也有告诉投资者当天塌下来时，当他们所有的资金轰然倒塌时要如何应对的书籍（彼特·希夫的《美元大崩溃：如何从即将到来的经济崩溃中获利》就是这样一本书）。

但是，我找不到一本以假设美国经济和美国金融市场整整 10 年都毫无进展为基础的书籍。在这 10 年当中，道琼斯指数不会崩溃，也不会暴涨。相反，它会在某一个区间内进行震荡。道琼斯指数将在未来 10 年当中如此令人失望，是有一些非常具体原因的，我将对这些原因进行详细的说明。

※　※　※　※

在本书的第一部分，我要说明的是哪些具体因素将导致美国的经济和金融市场停滞。一旦投资者明白了这其中的逻辑，他们就会渴望学习某种能够帮助他们在零增长的市场中获利的体系或是策略。

在本书的开篇章节中，说明了我们为什么不会再看到在 20 世纪 80 年代和 90 年代所看到的那种牛市。一些投资者想要获得可以证明将出现一轮长期低迷的股市的证据，这样的投资者只需要查看近期的历史即可。自艾伦·格林斯潘 1996 年发表现如今已臭名昭著的《非理性繁荣》演讲开始的 13 年内，股市的总体收益甚至不如基本零风险的 3 个月期的国库券的收益。这一残酷的现实向投资者历经此1982年夏天开始的18年大牛市中所接受的大量股市教育发起了挑战。

在本书的第二部分中，我向投资者详细说明了如何在零增长的市场中获利。这些是“专门讲如何获利的章节”，投资者可以根据这些章节的内容，来买入那些可以在未来几年当中跑赢市场和许多市场专业人士的股票。

本书主要的假设性条件：未来10年的股票需求将下降。对于那些质疑该假设性条件的投资者来说，2010年8月份的一项研究强调了我的这个论点。根据《华尔街日报》所引用的美林财富管理的《富人视野季刊》的报道，由于过去10年所发生的各种灾难性事件，各个年龄段的人都越来越注重风险规避（在本书的第一部分中进行详细介绍）。

2010年8月份这项令人瞠目的研究内容核心是：18～34岁的年轻投资者之前一直拥有最大的风险容忍度（这部分人群中通常只有20％～25％会害怕风险），但是目前他们已经变得几乎像65及65岁以上的投资者一样厌恶风险——这是一种令人吃惊的变化。这一年轻群体中有高达52％的投资者都透露，他们“如今的风险容忍度很低”。65及65岁以上的投资者中有55％透露，他们的“风险容忍度也很低”。介于这两者之间的人群中，大约有45％的投资者认为自己是厌恶风险的。这样的情况最终将会如何反映在市场中呢？毫无疑问，这将抑制人们对股票的热情，进而很可能会创造出未来几年对债券和其他低风险资产更大的需求。我将在全书中对这些问题以及这些问题背后的原因进行详细说明。

※　※　※　※

此外，我还将告诉投资者一次应当持有多少只股票——这是一个极少数投资类书籍会谈及的话题；我还将讨论一名投资者应当计划持有一只股票多长时间——这也是一个极少数书籍会讨论的话题。我坚信这样一种理念：长期资本利得会让个人投资者的资金增长速度大大加快。本书首先是一本投资类书籍，而不是交易类书籍，它不是一本为日内交易者准备的书籍。我们的持股时间在给予投资者最大的机会，让投资者在所有类型的市场上成功获利。

但是，比持股时间更加重要的是，要精确地判断出何时卖出。在这一方面，绝大多数投资类书籍都没有做好。我将就投资者应该何时考虑卖出一笔股票头寸做一些非常详细的指导。

我还将论述的另外一个重要话题是：你是否应当聘请一名投资顾问。这也是个人投资者不断向我提出的一个问题。我的答案不是一个简单的“应当”或“不应当”。如果你能够每周投入必要的3～5小时来研究股票和市场，那么你很可能就不需要聘请顾问。但是，如果你没有这样的时间，那么你的确应当考虑聘请一名投资顾问。

市场上有一些投资经理人确实能够让某一只基金或是某一个投资组合大幅升值。在这样的情况下，向他们支付一定的费用（通常是增值部分的1%～2.75%）完全没有问题。这里的技巧在于，如何发现这种优秀的投资经理人。

你要怎么样才能知道自己是否聘请了好的投资经理人呢？我会用所有你应当知道的知识把你武装起来——我会告诉你具体应该询问你的投资经理人哪些问题。换句话说，本书所涵盖的内容非常全面，如果投资者想要监督自己的投资经理人，确保他正在帮助你达成自己的财务目标，那么本书将囊括投资者所需要知道的一切。

本书会用大量的实例贯穿始终，以使本书活跃地呈现在读者面前。简单地提供一种投资原则是一回事，要举例说明如何让这一原则在横向波动的市场上发挥作用则完全是另外一回事。我将利用我们最好的一些股票策略，结合一些生动的例子向投资者表明，他们不需要有博士学位就能变成一名杰出的选股专家。

然而，最为关键的是：本书第二部分当中所提供的策略将帮助你买卖股票，让你在所有类型的市场上，而不只是在横向波动的市场上获利。我对这些策略坚信不疑，因此我断言，通过遵循这些策略，你将能够建立一个即使整体市场没有上涨，也能表现优异的投资组合，你只需要养成本书当中所介绍的各种投资习惯，制定本书当中所介绍的各种战术和策略，然后坚守这些习惯和策略就能成功。

第一部分

揭秘华尔街

过去10年两次大的市场崩溃创造了一种新的现象，我把这种现象称之为“消失的一代投资者”。我所说的“消失的一代投资者”，指的是由于经历了2000~2009年这一段非常困难的时期，选择离开了市场，并且短时间内不会再回到市场的那一群人。

第 1 章

消失的一代投资者

过去10年两次大的市场崩溃创造了一种新的现象，我把这种现象称之为“消失的一代投资者”。我所说的“消失的一代投资者”，指的是由于经历了2000～2009年这一段非常困难的时期，选择离开了市场，并且短时间内不会再回到市场的那一群人。借用《华尔街日报》的说法，用“消失的10年”来表述2000～2009年这一段时期。在这一段时期内，市场裹足不前。在这“消失的10年”里，数百万投资者离开了股票市场，并且再也没有回到市场。这种现象的出现主要是因为21世纪第一个10年期间的两次大的市场灾难。一些人把这10年称之为“零增长的10年”。

第一次市场崩溃——互联网泡沫的破裂。始于2000年，它导致纳斯达克综合指数从2000年第一季度5000多点的高点崩跌到了2002年年底1200点左右的低点。由于市场崩溃这样的情况很少发生，因此在这次暴跌之后，绝大多数投资者都认为各大市场已经安然无恙，于是将道琼斯平均指数推升到了2007年的14000点的顶部（纳斯达克综合指数则再也没有接近过5000点）。

接下来我们来逐年查看2000～2009年这10年间的股市表现，参见图1－1所示。请注意，本书当中所有的股票图表都使用以月作为时间周期的单位，它们或许和你在其他网站上所看到的图表不太一样。其他网站上的图表可能会波动性更大，因为它们使用的是以日为单位的收盘数据。以下百分比数据表示的是标普500指数每年的实际收益率：

年　标普500收益	年　标普500收益
2000：－9.1％	2005：4.9％
2001：－11.9％	2006：15.9％
2002：－22.1％	2007：5.5％
2003：28.7％	2008：－37.0％
2004：10.9％	2009：26.5％

当我们详细讨论“消失的一代投资者”的时候，我们将拓宽分析范围，包括尽可能多的时间段，以便我们可以看到整体市场在这一大段时间内的表现。但是，在拓宽分析范围之前，我们先来仔细地看一看过去10年的收益率向我们表明了什么。

图1—1　标普500指数的10年走势图：裹足不前

- **第一，21世纪有一个可怕的开端，市场连续3年下跌，并且损失逐年扩大。**这对美国股市来说是十分异常的。例如，自1973年开始，每4年当中只有一年是下跌年。当然，如果我们查看21世纪初的整个10年，会发现实际上还是上涨年多于下跌年，比例为6∶4。但是，毫无疑问，重要的是赢利和损失的规模。
- **第二，2008年可怕的37%的损失实际上扫除了之前4年所累积起来的所有赢利。**这一年爆发了次贷危机，它让投资者们措手不及。绝大多数投资者认为，股市最糟糕的日子已经在2001～2002年间出现，因此股市肯定不会再崩盘。然而，次贷危机却引起了流动性危机，促使许多专家不断谈及经济萧条。由于2008年房地产泡沫的破灭，许多人终于相信，20世纪30年代的经济危机即将重演。房地产泡沫的破灭和紧接着发生的流动性危机促使道琼斯工业平均指数从2007年的高点14164点下跌到了2009年3月的6547点。
- **第三，如果你在这10年之初投资10000美元买入标普500指数，那么在这10年结束的时候你将只剩下9000多美元。**这促使美国股票市场成为这10年以来所有资产类别当中表现最差的投资对象，甚至还比不上现金、债券、货币市场以及不动产。这样的负收益让许多投资者心灰意冷，留下了心理创伤，我们将在本章后面的内容中对此进行详细讲述。

此外我们还知道，2009年，投资者大规模地撤出股市。事实上，我们已经知道，2009年，有530多亿美元的资金被那些紧张不安的、迫不及待想要离场的投资者撤出了股市，2010年初也出现了同样的状况。根据美国投资协会的报告，截止到2010年3月初，已经有46亿美元的资金在2010年第一个季度撤出了美国股票共同基金（这一数据还不包括交易型开放式指数基金）。如果所有这一切都还不足以让你相信股市已经变得多么不受欢迎的话，再看一看以下信息：

2010 年最初的 9 个星期左右，股权基金募集到的资金略少于 140 亿美元，而债券基金所募集的资金却超过了 560 亿美元，其受欢迎程度是股票基金的 4 倍以上。这是一项铁证，证明投资者宁愿满足于债券基金那一点薄弱的收益，也不愿意把他们辛苦挣来的钱冒险放在股票和共同基金市场上。这种离开市场的趋势是由 2008 年最后 3 个月当中所发生的市场崩盘引起的。在那一段时间里，美国联邦储备委员会报告，美国家庭损失了 9%的财富，这创下了 3 个月期内的损失最大值。

简单回顾股市的历史收益

为了理解文中所说的“消失的一代投资者”，我们需要了解股市一直以来是如何表现的，以及绝大多数投资者预期从美国股市投资当中获得什么？也就是说，绝大多数“散户”（在股市上持有一定头寸的 1 亿个人的美国投资者们）所预期的收益是多少，以及他们为什么会有这样的预期？

我们知道，市场上存在着几本对数百万投资者的心理产生了重大影响的具有分水岭意义的书籍。杰里米·西格尔的《股市长线法宝》就是这样一本书，目前很多人都把它看作一本经典之作。该书于 1994 年首次出版，书中囊括了大量关于美国股市的信息，这些信息可以追溯到 1802 年，当时市场上刚刚开始有了交易。

西格尔在书中说明，1802 年，投入美国股市 1 美元，2006 年年底，你将收获 1270 万美元（假设投资者把所有的利息、红利和资本利得都进行再投资）。这是一个值得深思的可观的数字。西格尔告诉我们：美国股市在这 200 多年的时间内，平均每年的赢利为 7%，按照通货膨胀调节之后是 10%。这些年以来，西格尔的这本书籍已经售出成千上万册，该书已经变成华尔街最伟大的营销机器们最钟爱的工具（在早期的版本中，该书有成千上万册都是由经纪公司购买的）。该书是“买入并持有”这一投资策略的典型代表，在本书所描述的“消失的一代投资者”现象出现之前，这一投资策略被视为真理（在第三章对“买入并持有”这一投资策略进行了更多的阐述）。

过去半个世纪的熊市

有人对过去大约 50 年的熊市做过一些重大的研究。对股市下跌所占的百分比和时间长短的研究为我们提供了大量关于金融市场的信息。自 1957 年开始，美国一共出现了 10 轮熊市。这里熊市的定义是标普 500 指数损失 20%或以上。表 1—1 列出了这 10 轮熊市以及它们开始和结束的年份。

表 1—1　1957 年之后的熊市

年份（年）	下跌所占百分比（%）
1957	20
1961～1962	29
1966	22
1968～1970	37
1973～1974	48
1981～1982	22
1987	34
1990	20
2000～2002	45
2008	38

资料来源：伯顿·麦基尔《华尔街漫步——投资指南》。

接下来我们来看一看过去半个世纪的牛市，参见表 1—2 所示。

表 1—2 过去半个世纪的牛市

年份（年）	下跌所占百分比（%）
1962～1966	86
1966～1968	32
1970～1973	77
1974～1976	76
1978～1981	38
1982～1987	250
1987～1990	73
1990～2000	396
2002～2007	94
2009	28

资料来源：Alpha. com。

值得一提的是，分割或是合成同样的信息有几种不同的方法。例如，看一看这两个关于熊市和牛市的表格，你就会发现，在某些年份，比如1966年、1974年和2002年，熊市和牛市开始或结束于同一年。这一事实表明了试图界定市场时间的复杂程度。如果利用20%的涨跌幅度这一界限来作为牛市或熊市的标志的话，我们会发现一些存在于更大的熊市当中的牛市，以及一些存在于更大的牛市当中的熊市。史上最值得注意的、最大的牛市出现在1982～2000年间。但是，在这创造了了不起的收益的、不可思议的18年间，仍然出现了几次牛市和熊市年份重叠的情况（这里仍然使用20%的规则来界定）。

回顾消失的10年

以上数据向我们透露了大量关于金融市场的信息，也向我们表明了投资者未来将很有可能有什么样的行为。当我们查看所有这些数据的时候，这消失的 10 年尤其会是一段有着极大吸引力的时期，它揭示了大量关于市场的神秘性的信息。事实上，在这 10 年期间，牛市多于熊市，比例为 4∶2。但是，真正重要的是赢利和损失所持续的时间和规模。

例如，在一轮不可思议的 18 年的上涨之后，标普 500 指数在 2000～2002 年期间损失了几乎一半的价值。很明显，互联网泡沫破裂像癌症一样传遍了整个市场。接下来，在这 10 年之后的日子里，从 2002 年一直到 2007 年，标普 500 指数有了惊人的 94%的赢利，这帮助道琼斯平均指数上升到了 14000 点的顶部（标普 500 指数和道琼斯平均指数通常都会朝着同一个方向运动。标普 500 指数是一个更好的指示器，因为它包含了 500 只股票，而道琼斯平均指数只包含了 30 只股票。但是，标普 500 指数任何重大的运动仍然总是会对道琼斯平均指数产生相似的影响）。然而，2008 年出现的毁灭性的 38%的损失却摧毁了人们对于赢利的 10 年所抱有的一切希望。尽管这 10 年的最后一年——2009 年，出现了 28%的强劲增长，标普 500 指数在这 10 年结束时的点位仍然大大低于其 1999 年和 2000 年开盘时的水平。

研究还表明，养老基金经理和其他一些控制大型资金的基金——这些基金经常能集资数十亿美元——的高级投资经理人也改变了他们的投资习惯。这些经理人最近已经把更多的投资转向了对冲基金和收费更高的基金。最重要的是，他们还大幅度地将资产配置从股票转向了债券。

受过去 10 年影响最大的个人投资者是那些年龄在 50 岁以上的投资者。甚至在互联网泡沫破裂之后，他们都还认为自己仍然有足够的时间把损失的资金捞回来。他们没有预料到 2008 年的信贷/流动性危机，当他们的投资组合平均遭受了一半的损失时（这里指的是那些把绝大部分资金投资到股市的投资者），他们只能惊慌失措地看着。

这对我们所看到的散户投资者的投资行为变化做出了解释。根据联邦储备委员会的报告，2009 年，居民对债券的投资达到了创纪录的水平，接近个人投资总额的25%。

新的研究还证明，投资者正以破纪录的规模离开市场。2008年，被撤出股市和基金市场的资金量抵消了之前4年所流入这些市场的所有资金。

这种心理创伤将在确定未来10年的走向方面发挥重要作用。这种心理变化所产生的结果将会极大地影响下一代投资者。由于股票在过去这10年的低劣表现和收益，那些原本打算退休的人们也无法如愿以偿了。我们可以从2010年所发布的数据中了解到这一点。

一项统计表明，在过去26个月的衰退中，由于人们的退休储蓄损失大增，退休年龄迅速从65岁推迟到了70.5岁。2010年，401K退休计划的平均价值低于2005年。得出这些数据的研究者，美国雇员福利研究所的克雷格·科普兰推测，退休年龄甚至可能会推迟到75岁。这样一来，悲观情绪正在上升也就不足为奇了。根据美国雇员福利研究所的说法，他们所调查过的人当中，表示将延迟退休的人略低于90%。美国雇员福利研究所还有报告指出，截止到2010年，几乎没有退休储蓄金的人所占比例已经连续第3年上升。2010年，报告指出，43%的人的退休储蓄金不到10000美元，而令人难以置信的是，如今已经有27%的劳动者表示他们的储蓄金不到1000美元，而2009年的这一比例才20%。

此外，那些原本打算把自己的孩子送入一流大学的家庭，或者只是简单地打算积累教育基金的家庭，也未能如愿以偿。这就是为什么我们在考虑未来10年的时候，看到的是和过去10年一样如过山车般涨跌的市场。股市还会上涨，也还会下跌。未来10年还会出现繁荣时期（注意，我这里没有采用美联储前主席格林斯潘的“非理性繁荣”这一说法），也还会出现看上去似乎世界末日即将来临的时期。

过去10年的另外一项收获将会是，人们将如何解读美联储、美国财政部以及美国政府的具体动作。例如，未来10年的一些时期将会和2009年的低点之后所出现的时期十分相像，当时由于政府利用问题资产救助计划（TARP）和经济刺激一揽子计划干预市场，形势出现好转，人们也因此表现得十分兴奋。股票市场将会积极回应这种类型的政策，因为投资者会认为这些行为是在刺激生产力，促进 GDP 的增长。不只是在美国范围内如此，全球范围内皆是如此。

例如，2010 年 5 月，希腊面临资不抵债，欧盟利用接近 10000 亿美元的援助计划介入。由于人们对于希腊问题实在太过恐惧，因此在援助协议公布之后，道琼斯平均指数飙升了 400 多个点。

如果是在其他一些时期，这样的举动将被人们解读为灾难的先兆。原因是，人们会认为，如果政府已经不得不采取这种猛烈的行动，证明金融前景一定十分黯淡。

投资者需要使自己免受市场杂音的影响，需要学会坚持一套明确的买卖准则。我将在整本书中主张投资者需要成为这样的投资者，而不是对市场的每一次短暂下跌都做出反应的交易者（上帝禁止日内交易者）。

预测市场走势的研究

本书最主要的假设条件之一就是，未来 10 年的表现将类似于过去 10 年的表现。持有这种观点的并不只是我一人。一位引人注目的作家兼研究者维塔利·凯茨尼尔森，曾经做过一些了不起的研究，支持了我的观点。他的研究表明，尽管过去 10 年发生了一些前所未有的事件，但是历史表明，接下来 10 年（2010～2019 年）结束时的市场状况很有可能几乎与这个 10 年开始时的市场状况一样。

凯茨尼尔森解释说，自美国股市两个世纪以前开始交易以来，每一轮持续时间长的牛市之后，都会立即出现一轮“大约持续 15 年的震荡市场”。震荡市场指的是在两个水平之间交易的市场，这两个水平之间通常都会是一个相对狭窄的区间。例如，2011 年，如果道琼斯平均指数在 10000～11000 点之间交易，那么我们就可以认为这是一轮震荡市场。凯茨尼尔森还解释说，唯一的例外是大萧条。他还指出，1982～2000 年的牛市是一轮“超级大”的牛市。为了让你了解该牛市的规模，设想一下：如果奇迹发生了（要出现这样的情况，真的需要有奇迹的发生），道琼斯平均指数在接下来的 18 年里再次出现1982～2000年那样的大幅上涨，那么它将于2028年直击惊人的175000点。

最后，凯茨尼尔森强烈建议投资者了解震荡市场与熊市之间的区别，以及在这两种市场上进行差异投资的重要性。

许多人认为，由房地产泡沫和次贷危机引起的2008～2009年的大衰退如此严重，以至于它使得目前的形势与大萧条十分类似。我们来快速地查看一下这些历史收益，以进一步了解各轮市场，看一看人们所进行的这种比较是否站得住脚。

1929年9月3日至11月13日，在这10周的时间内，华尔街经历了大崩盘，市场价值损失略低于48%。在那之后，自11月14日至1930年4月17日，市场快速恢复，赢利48%，令人印象深刻。如今，华尔街上一些营销机器的成员们正在建议人们坚决地回到市场，以便可以享受到与当时相似的反弹的果实，或许还能享受到一轮新的牛市。但是，正如金融领域普遍宣扬的一样，过去的表现不能表明未来的收益。1929年的形势与2009年截然不同，其原因我已经解释过，并且还会在整本书中更加详细地解释。因此，我预测近期不会出现这样的快速反弹，也不会出现新的牛市。这归根结底是因为1930年对股票的需求远远大于现在。

这与1982～2000年那一轮大牛市所持续的时间有很大的关系。回顾一下凯茨尼尔森的研究，每一轮令人印象深刻的牛市之后都出现了一轮15年的震荡市场。或许2000～2010年就是这种15年震荡市场的开端，这意味着2015年以前我们都将处于震荡市场当中。或者，过去10年可能只是市场在1982～2000年的过激表现之后恢复到正常估值的一个过程。如果是这样的话，那么我们自2010年至2025年都将处于震荡市场当中。我们可以找到非常有说服力的理由，证明这两种情况都是可能的。我们也可以认为我们即将看到股票的表现远不如其他资产类别，例如房地产和债券。但是，最不可能出现的情况似乎就是市盈率大幅上升，或者说为股票所支付的市盈率倍数的提高——这是股票随着时间的推移价值增加的主要原因（市盈率倍数，即以一个公司的股票的市价除以该公司股票的每股收益得到的一个数字，也称作股票的市盈率，英文为 P/E ratio 或是简单的 P/E。从代数角度来讲，我们用收益乘以倍数就得到了股票价格）。

越来越多的证据表明，预测中这种表现不佳、长期弱势的时期很容易会出现。本书中提供的大量统计资料表明，股市曾经在某一些时期内停滞过很长一段时间。我们来举一个关于一家公司的例子，用以详细说明这些观点（这里没有双关的意思）。我们来看一看 20 世纪 90 年代杰克·韦尔奇的通用电气公司。作为通用电气公司的执行总裁，韦尔奇促使通用电气的股票成为华尔街的宠儿，因为他既能够让其股票的收益增加，又能让该公司的市盈率倍数上升。通用电气股票的收益每一年都在增加，这促使通用电气的股票价格也在上涨。与此同时，由于韦尔奇被看作是超级明星 CEO，因此投资者们因他的管理而把该公司的价值估得更高。2000 年达到顶峰的时候，通用电气股票的价格几乎是其收益的 50 倍（即市盈率倍数为 50）。2010 年，形成鲜明对比的是，该公司的市盈率倍数大约是其曾经辉煌时期市盈率倍数的 1/4，即股票价格只是每股收益的 15 倍左右（即市盈率倍数为 15）。

存在合理的市盈率水平吗?

我们回顾一下 10 年前，来看一看互联网泡沫破裂之前的市盈率。2000 年市场达到顶峰时，标普 500 指数成分股的平均市盈率为 40，这使得股票十分昂贵。如果这一数字还没有让你感到吃惊，再看一看以下数据：同一时间，纳斯达克综合指数成分股的平均价格是标普 500 指数成分股的 3 倍，其平均市盈率是 120，这其中包括没有收益的股票，这是一个天文数字呀！一只标普 500 指数成分股的史上平均市盈率为 15.7，这是一个更加合理得多的中等水平，将这一水平与 120 进行比较。当时高科技股票占标普 500 指数成分股的 1/3 以上，这是一个板块占标普 500 指数比例的史上最高值。

2000 年，这轮大牛市结束时各股票前所未有的市盈率对过去 10 年的股市产生了深刻的影响，并且可能还会对未来的股价产生影响。

如果利用长期的算术平均数作为参考，你就会发现，这一次市盈率倍数将更难恢复到正常水平，因为我们要从一个过高的基础上回落到正常水平。投资者或许会认为自己已经对股票在2000～2009年之间的差劲表现付出了应有的代价，但事实却可能并非如此。2000年各股票的估值高得如此离谱，以至于它们很可能需要10年以上的时间，才能以更加合理的价位进行交易。而这一事实最终或许会被证明是又一个导致金融市场上涨缓慢的因素，这使得近期出现牛市成为最不可能出现的情况。

还有一点值得注意的是，如今，由于与投资相关的人类情绪，我们很难计算出什么样的市盈率才是正常化的市盈率。某些时候，投资者由于情绪高涨，会在股票的市盈率远高于15.7这一中等水平的时候买进股票。其他一些时候，投资者又会由于心情悲观沮丧，在市盈率远低于该水平的时候卖出。

除了投资者的行为之外，还有一个重要因素也会使得计算正常化的市盈率变得十分困难，那就是政府的经济刺激措施。自2008年开始，政府的一揽子经济刺激计划就一直是美国经济增长的重要促进者。这种情况持续的时间越长，我们就越难计算出正常化的市盈率。我认为，随着时间的推移，投资者将会对政府的刺激措施持更加怀疑的态度，结果就是他们将不大可能再溢价买入股票。这极有可能促使市盈率下跌到更加合理得多的水平。换句话说，股票将供大于求，这将导致市场下跌，即使最好的情况也会导致市场停滞。下一章节将更加详细地说明为什么这种情况可能会持续很长一段时间。

与此同时，2010年发布的一些残酷的统计数据证实，不只是个人投资者正在转变他们对于股票的态度，养老基金经理们在对待股票市场时也变得更加小心翼翼。根据《纽约时报》的报道，各大公司正在把注意力从股票转移到更加保守得多的投资产品，例如长期债券。然而，这还只是问题的一方面。为了赚回最近几年损失的数十亿美元，养老基金经理们同时也正在尝试各种风险更大的投资产品，例如垃圾债券、外国股票、商品期货和抵押支持证券。这些投资替代品是否能够赢利还没有定论，但毫无疑问的是，不管是机构投资者，还是个人投资者，其投资行为都已经发生了变化。

投资者行为和“消失的10年”留下的创伤

不管我们今后将去向何方，过去10年的两次灾难已经导致投资者的心理发生了重大的转变，已经有数百万投资者不可能在未来几年回到市场。正如之前所提到过的，投资者行为已经深受影响。我最喜欢的一则奋斗故事可以帮助我们，进一步了解为什么会出现这样的状况，以及为什么这种状况短时间内不可能改变。这个故事让我对“消失的一代投资者”有了一个整体的了解。

几年前，我出差时去了一趟瑞杰金融集团在佛罗里达西部的一个金融分支机构。当时一名股票经纪人给我讲述了一个关于和他住在同一条街道上两位邻居的故事。1999年，他的一位邻居决定把自己毕生的积蓄拿出来投入到股市，预计自己能够在2012年左右退休。他设想，投资期限在12年以上就能保证他的总体收益非常可观，他的储蓄金一定会增加。

当时，他和妻子都在工作，于是他们双方都决定把最大限度的资金投入到他们的401K计划当中。最终他听取了许多权威人士的建议，把最大限度的资金投入到一个多元化的股票投资组合当中。他把家庭基金的几个部分分配给了标普500指数成分股，其中包括一些价值型股票和成长型股票（被动型指数投资），他认为自己的投资已经适当多元化了。

同一个星期，该经纪人的另外一位邻居做了一个截然不同的决定。他仍然还在工作，但是他打算用自己的钱去买一些可以为自己和家人带来许多快乐的东西。结果是，他买了一艘小船，以便自己、家人和朋友可以每周末都去进行水上运动。

也就是说，一个人把9万美元投入了股市，另外一个人则用9万美元买了一艘漂亮的小船，接下来10年的每个周末都用这艘小船与家人一起出行。他每周都带上自己的孩子和朋友乘船出行，他们锻炼着自己的划水能力，过得十分愉快。

这是一个很小的社区，似乎每一个人都知道甲和乙这两个人，也知道甲是如何把自己的全部家当投入到了股市，而乙又是如何购买了一艘小船，每周末都和家人朋友一起利用小船出行。2009年，这两位邻居在市场反弹一些之后聚在了一起。甲，也就是以“买入并持有”这一长期投资策略买入股票的那个人，至今仍然还在工作，因为他无法退休。他不得不推迟几年退休，而且我们还知道他遭受了损失，因为在他把毕生积蓄都投入到市场10年之后，标普500指数下跌了10%左右，而他所选择的股票的表现与标普500指数的表现十分相似。

而乙则整整10年都在利用自己的小船享受生活，镇上的每一个人都知道这件事。事实上，甲和乙的故事渗透到了整个社区的每一个角落。似乎没有一个人不知道他们的故事——这两个截然不同的人做出了各自的选择。

这个故事的重点在于：由于镇上的每一个人都十分了解甲乙两人所做的决定，因此接下来的一代投资者也就了解到市场能够多么迅速地下跌，这对他们的投资行为有了深刻的影响。一些人清楚地意识到甲乙两人的决定对自己产生了什么样的影响，而其他许多人更多的是在潜意识层面上受到了影响。无论是哪种情况，结果就是甲利用一生积蓄所进行的投资给股市带来了一个坏的名声，使得接下来的一代投资者在把自己的血汗钱投入股市时，变得更加的犹豫不决。这导致股票的供求出现了自然的失衡。我们是如何理解到这一点的呢？因为我们有一个非常突出的例子，那就是日本，日本国内大规模出现了与此十分相似的情形。我们来简单地看一看日本“消失的10年”和“消失的一代投资者”。

在1989年即将结束的几个交易日当中，日经指数创出了仅仅略低于39000点的历史新高。当时的资金十分容易获得，许多风险贷款都被发放给了商业机构和个人。而美国的房地产泡沫在日本经济崩溃中扮演了重要的角色。当时东京的某些高档社区的房屋卖到了令人难以置信的100万美元每平方米的价格（相当于9.3万美元每平方英尺）。令人吃惊的是，房地产泡沫破裂之后，这些房屋的价格仅相当于其最高价的1%左右。截止到2004年，住宅房屋也已经经历了灾难性的贬值，其平均价格仅相当于其最高价的10%左右（但是当时仍然是全世界最昂贵的住宅性房屋）。

日本的廉价信贷和随后出现的房地产泡沫不断地为其经济带来巨大的问题。尽管日本中央银行所设置的利率几乎为零，但是螺旋式通货紧缩仍然导致日经指数持续下跌，哪怕是政府对摇摇欲坠的银行和企业注入资金也无法阻止其破产（日本中央银行把这些无望恢复生气的企业称之为“僵尸企业”）。2008年10月，日经225平均指数创出了26年以来仅仅略低于7000点的最低点。2010年初，日经指数略高于10000，仍然在其1989年的高点的基础上下跌了大约75%。许多人认为，日本至今仍然处在经济衰退当中。在下一章中，我们将看一看日本经济泡沫，并且更加深入地将其与美国进行比较。

※ ※ ※ ※

考虑到以上所说的所有因素，在未来10年赚大钱的唯一方式就是：在正确的时机买入正确的股票。描述这一状况最广泛的说法就是：这是一个“选股专家的市场”。未来10年，那些拥有投资工具和教育水平，能够在正确的时机买入正确的股票，并且能够遵循严格的买卖准则的人，将会成为赢家。我们已经知道，未来10年即将有一个非常具有挑战性的开始。《纽约时报》借用美国投资公司协会的说法如此报道：令人难以置信的是，在2010年的前7个月当中，已经有超过330亿美元的美国股票共同基金被撤出了股市。本书将为你提供你所需要的一切知识，以帮助你进行十分重要的买卖决定。

第 2 章

零增长的未来 10 年

既然已经了解我们为什么会失去一代投资者，那么接下来就可以更进一步地了解经济和金融市场未来 10 年为什么会停滞。

因为投资无非就是供与求，所以在接下来的几年里，对股票的需求几乎一定会下降。正如我们在第一章当中所讨论过的，我们已经看到这样的情形出现，已经有数百万投资者撤出股市。这实在是很不幸，因为研究表明，绝大多数投资者是在最糟糕的时期，在各大市场处于低点的时候离开市场的。对那些当时仍把资金留在股市当中的投资公司来说，2009 年和 2010 年初，看见他们把大量的资金转移到了美国以外的股票市场，主要转移到了欧洲和日本股票市场。然而，截止到 2010 年春天，由于希腊和欧洲其他国家遭遇巨大的问题，美元对其他主要货币强势反弹，美国股市变成了全球投资者最安全的选择。每一个人都在猜测这样的情形会持续多长时间，但是我仍然认为，我们所讨论过的对市场不利的因素依然会出现，它们将使得人们在把自己的资金投入任何一个股市（不管是亚洲的、欧洲的还是美国国内的股市）时变得更加谨慎。

失业因素

正如我们在前一章当中讨论过的，2008 年的大熊市之后，数百万人无法按照原计划退休。更糟糕的是，这些人当中有很大比例不仅无法退休，甚至无法就业，因为当时的失业率一直徘徊在 10%左右（2009年底是10.2%），这是1983年以来最高的失业率。许多专家认为，“真正的”失业率更高——大约17.5%。这两个数据不一致的原因是，可能另外还有71.2%的劳动者在他们本应该优先选择全职工作的时候，放弃了工作机会，或是接受了兼职工作。属于这两种情况的人一般都不被包括在那10%的失业人数以内。

即使失业率再低一些也无法让美国经济得到任何缓和。自2007年12月经济开始衰退以来，已经有创纪录的840万人失去了工作。

我们知道，不管失业率是10%还是接近20%，那些没有工作的人就不会投资于他们的401K计划，也不会进行其他任何的股票市场投资。这会严重影响股票的自然供求平衡，同时也是又一个表明近期不可能出现大型而持久的牛市的证据。但是，如果我们单看失业率，它并不是表明即将出现熊市或震荡市场的充分证据。记住，在大牛市开始的1982年和1983年，失业率也很高。但事实上，1982年到1987年期间，即使1983年的失业率超过了11%，标普500指数的价值仍然增加了250%。但是，20世纪80年代初与自2010年开始的新的10年在几个重要的方面是不相同的。

例如，1983年，以这样或那样的方式介入股票市场的人数要少得多。专家们一致认为，当时只有大约20%的美国家庭介入了股票市场。然而，21世纪的前10年，却有超过1/2的美国家庭都或多或少在股票市场上持有头寸，这就是为什么这10年的损失在美国投资阶层的心理上留下了如此不可磨灭的印记，对他们的真实财富产生了如此大的影响。只有20%的人感受到了1981～1982年熊市的影响，但现在却有一半以上的美国家庭感受到了过去10年两次崩跌所带来的剧烈冲击。

再例如我在前一章当中所提到过的，2009年3月联邦委员会报告，仅在2008年的最后3个月当中，美国家庭就损失了5.1万亿美元，接近美国家庭总财富的10%。**2008年全年，美国家庭总财富减少了大约18%，即11.1万亿美元。**当时，《纽约时报》发表的一篇文章得出结论，美国家庭的实际损失还要大得多，尽管这些数据尚未赶上整个国家财富的实际损失。

为了让你了解这次崩跌的规模，我们来看一看发生在2002年的过去50年的第二大金融危机，当时美国家庭的财富仅因为互联网泡沫的破裂减少了3%。“近期的财富损失大得惊人，这很可能会对经济造成更进一步的压力，因为许多人将不得不节省开支，加大储蓄。”《纽约时报》2009年3月如是报道。

1983年和2009年还有其他一些重大的差异。1982年8月市场出现转折之前，股市已经经历了一轮大的下跌。例如，1966年初，道琼斯平均指数接近1000点。1982年，牛市开始之前，道琼斯平均指数一直徘徊在770多这样的水平。在这16年间，市场不但没有上涨，反而大幅下跌，极少会有熊市持续这么长的时间。严格来说，自1966年到1982年的市场转折之间，实际上出现了四轮熊市，参见表1—1所示。这与2010年的情况大不相同——2010年之前先是出现了一轮持续18年的异常强劲的大牛市，然后出现了被这两次大危机摧毁的消失的10年。

次贷危机与住房危机

住房危机也是导致未来几年经济放缓、金融市场发展放慢的一个重要因素。单就2008年而言，美国就有100万份房屋抵押赎回权的取消，另外还有100万份房屋抵押赎回权取消的法律手续已经开始办理。当年年底，许多专家认为，在这样一次史无前例的崩溃之后，住房市场最糟糕的情况已经结束，但是他们错了。例如，根据《房地产追踪》的一篇报道，2009年第三季度，又有937840个房屋收到了某种房屋抵押赎回权取消文件，这些文件有的是以违约通知的形式，有的是以拍卖通知或是银行收回通知的形式。

2009年11月，《华尔街日报》报道，将近1/4的贷款属于“浸水贷款”，即以这些不动产为抵押的贷款金额大于这些不动产本身的价值。房价已经暴跌到一个非常低的水平，以至于超过530万栋房屋都承受着至少高于其价值20%的抵押贷款，这使得经济不可能出现任何形式的快速恢复。新闻界恰如其分地把2009年第三季度称之为房地产行业有史以来“最糟糕的3个月”，并且由于逾期贷款的文件归档延期，问题的严重程度实际上可能还被轻描淡写地报道了。许多专家如今一致认为，2013 年以前我们或许无法看到房地产行业出现任何有意义的好转。2010 年 2 月末，有报道指出，1 月份的房屋销售是 50 年以来最糟糕的。这出现在阴沉的 2009 年以后，当年的房屋销售量在 2007 年的基础上下跌了将近 25%。这次住房危机前所未有的严重性，使得任何预测市场好转的行为都只不过是一种猜测。现实就是，没有人真的知道这种极及糟糕的住宅市场何时才会好转。

在做进一步阐述之前，我要强调这并不是一本关于次贷危机、住房危机或是流动性危机的书籍。截止到该书出版时，很可能已经有大量关于这些危机的书籍出版。但是，我们应该更加详细地了解 2008 年和 2009 年发生的几个大事件，以及这些大事件所引发的一些大事件，以便我们能够更加深入地了解美国和全球其他金融市场未来几年将面临的市场不利因素。

政府介入阻止大幅下滑

2008 年和 2009 年，政府介入，提供了大量亟须的稳定性措施来应对若干正在严重破坏美国经济和金融市场的危机。

由于房地产泡沫和次贷危机，美国几家最大的金融机构几乎一夜之间消失了。成立于 1923 年的贝尔斯登投资银行（Bear Stearns）在 1929 年的市场崩溃中幸免于难，没有解雇一名员工。但是，2008 年的形势已经大不相同。当时市场意识到该公司不可能因政府贷款而得救，贝尔斯登公司便被以每股 10 美元的价格贱卖给了摩根大通公司。几个月之后，也就是 2008 年 9 月份开始，政府介入，对美国国际集团（AIG）进行救助，通过提供多达 1825 亿美元的资金来使这个保险业巨头保持稳定。之后，前美国财政部长汉克·鲍尔森表示，如果政府没有介入，而是允许该公司倒闭，这将引发一系列事件，使得整体失业率飙升到 25%。

美国国际集团援助计划一个月之后，参众两院又通过了 7870 亿美元的问题资产救助计划，我们通常使用该计划的首字母缩写词——TARP 来描述。这个一揽子救助计划的目的是，允许政府从各大银行和其他一些陷入困境的金融机构那里购买不良资产，这些“不良”资产因次贷危机而出现，当时的次贷危机已经传染到了各大金融机构和整个美国经济。然而，要使得这一议案得以通过绝不是一件轻松的任务。事实上，当众议院 2008 年 9 月 29 日未能通过该援助计划时，道琼斯平均指数的下跌超过了 777 点，这是有史以来下跌点数最多的一天（但不是下跌比例最大的一天），股市市值在这一天之内蒸发了 1.2 万亿美元，这是道琼斯平均指数有史以来第一次在一天之内损失上万亿美元，损失幅度甚至大于“9·11”袭击事件之后的第一个交易日（当时道琼斯平均指数下跌 685 点）。TARP 计划的目的是，允许政府向各大金融机构提供他们亟须的资金，以便可以刺激借贷——由于次贷危机的出现，当时的借贷业务几乎已经完全停止。

次贷危机爆发时，我是纽伯格伯曼资产管理公司“卡明斯基团队”的联席主管，当时我们正管理着将近 130 亿美元的资产。纽伯格伯曼已经于 2003 年被雷曼兄弟收购。我并不支持这一收购行为，认为投资银行的企业文化与资产管理公司的企业文化是截然不同的。由于我在纽伯格伯曼的职位，见到了这一类事件像货运列车一样一件一件地发生。此外，我还关注的一个问题是，不希望他们再以雷曼兄弟的限售股票的形式给我发放报酬。于是，我在雷曼兄弟最终宣布破产以及瓦解之前 4 个月与纽伯格伯曼达成了一项离职协议。

在此重述这些事件并不是为了用庞大的数据来把你吓倒，也不是为了炫耀我的预测能力，而是为了从这些事件中吸取教训，以及预测这些事件可能会对未来 10 年美国及全球金融市场产生什么样的影响。

在美国历史上，政府没有在其他任何一个时期提供过数万亿美元来阻止一场空前的全球性金融危机。许多政策制定者和权威人士都非常肯定地说，如果我们当时没有利用这数万亿美元来冒险，我们就会冒险面临一场全球性的金融崩溃。“要么现在花费数万亿，要么我们将目睹整个金融系统的崩溃。”这是 2008 年和 2009 年有线新闻频道上每天都在一遍一遍重复的非常普遍的说法。

市场为什么会面临零增长的10年，其中一个关键原因与差点儿导致美国和全球经济跌落悬崖的一系列事件直接相关。由于美国联邦委员会和财政部采取的一系列剧烈行动，例如TARP计划的出台，联邦委员会不得不加印数千亿，甚至数万亿美元钞票，这为通货膨胀的上升创造了条件，也是近几年黄金如此大幅度升值的原因之一。

在我看来，由于这些行动——尽管它们起到了关键性的作用，是必要的措施——我们至少需要5年的时间才能从这些危机当中恢复过来，而遍体鳞伤的投资者们则很可能还需要另外一个5年才能回到股票市场，而且这些预测数据还是比较保守的。我是基于几个因素得出这些数据的，其中一个最重要的因素就是，2000～2002年的互联网泡沫破裂及最近的大萧条，2008年和2009年的流动性危机所引发的一系列事件。投资者们并不是一次就遍体鳞伤，而是因为10年之内受伤两次，这两次危机吓跑了那些曾经相信“买入并持有”这一投资策略是一种“保赢”的投资者。有数百万这样的投资者至今仍未回到股票市场。事实上，尽管与2009年低点时相比，2010年第一季度的股市上涨了60%，但是据估计，2010年3月，有多达3万亿美元的个人投资者的资金仍持观望态度。

2010年初在写作这些内容的时候，我们刚刚从之前18个月的流动性危机当中挣脱出来。但是，我们已经了解到，另外一次危机即将来临。由于联邦委员会和财政部前所未有的大行动，我们将不可能再避免这次危机。它可能会是一次国债泡沫，也可能会是一次由美元购买力的缺乏引起的危机，总之会再出现一次危机，它将导致另外数百万的投资者逃离市场。

未来几年，消失的一代投资者将更有可能转向一些固定收益投资或者说债券。因此，只有少数股票会得到大幅增持的价值，因为某些投资组合的需要。

进行这些预测的依据是什么呢？正如第一章所讨论过的，近几年发生在美国的这些事件最好的参照物就是19世纪80年代末的日本。接下来我们重新把注意力集中到日本这个国家，进一步看一看困难时期的日本，看一看这个茶叶之国正在告诉我们未来几年美国金融市场可能会发生什么。

回到日本的未来

正如我们前一章所讨论过的，1989 年，日本市场先是到达了历史巅峰，（日经指数）上涨到了仅仅略低于 39000 点的高点，在随后的几年里暴跌，而美国的房地产泡沫是日本市场崩溃的主要原因之一。1989 年，房地产的价格迅速上涨了 10 倍，根据建设部的数据显示，当时的日本从理论上来说已经有能力购买 4 个以上的美国，尽管美国的国土面积是日本的 25 倍。1989 年，美国突然不再拥有世界上最具价值的股票市场。在二次世界大战中的惨败之后，日本的国土面积比美国小 25 倍，人口仅相当于美国人口的一半，但它却快速超过了美国，在 20 世纪 80 年代末成为世界上最具价值的金融市场。

日本的经济泡沫从 1986 年持续到了 1991 年，在这期间，日本的住房价格和股票价格都失去了控制。接下来的一段时间便被称之为“消失的 10 年”，当时我们第一次在商业术语词典里看到了这个说法。

日本的这一危机与美国目前所面临的危机到底有多少相似呢？

首先我们来看一看利率。在日本经济泡沫形成期间，日本中央银行被命令将基准利率下调到二战后的最低点，这与美国在流动性危机期间所发生的状况类似。之后日本中央银行又把利率降低到了接近于零的水平，这也与美国 2009 年所发生的状况相似。在这样的情况下，最低利率都不足以刺激经济出现明显的增长。

接下来我们来看一看房地产：日本的房屋市场繁荣实际上有利于为股票的大幅上涨提供资金，这促使日经指数的价值在 1985～1989 年期间增长了 3 倍。当时，日本股票的平均市盈率倍数提高到了前所未有的 78，这几乎是仅仅几年前的 3 倍。

情况到底有多糟糕呢？日本电报电话公司（非常类似于美国的电报电话公司）突然间市值数千亿美元，市盈率大于 300。令人难以置信的是，单就这一家公司的市值就比许多小国家的整个股市的市值还要大。

这就是我喜欢将其称之为日本的“恐慌性抢购”时期。在这一时期，人们用其他一些已经过度膨胀的资产（例如房地产）来为另外一种资产类别（例如股票）提供资金，促使该资产也膨胀。相比之下，1989 年初，一只美国道琼斯成分股的平均市盈率倍数还不到 13，这使得日本股票的每股价值，是同一时期美国道琼斯成分股的平均每股价值的 6 倍以上。

值得注意的是，日本是 20 世纪 80 年代末人人熟知的国家。日本当时正在购买久负盛名的美国房地产，其中包括像洛克菲勒中心和棕榈滩这样瑰宝级地产。日本的管理技术被看作是这一时期最好的商业经营方式。许多的企业管理学校都会在他们的常规课程中突出日本的管理技术，就像美国已经没有办法提供好的商业方案，不得不向日本寻求答案一样。就是在这个“日本绝不可能犯错”的时期，日本的股价横冲直撞，疯狂上涨。这也是合乎情理的，因为大的事件和经济泡沫几乎都不会无缘无故的出现。相反，它们都是出现在某种背景之下，这种背景通常都为最终看似不合理的事情提供了环境和理由。

与美国的相似之处

日本“消失的 10 年”与 21 世纪第一个 10 年美国的两次危机都有相似之处。第一个重要的比较就是，1985～1989 年期间日本股市的大幅上涨，与促使纳斯达克综合指数在 2000 年第一个季度上涨到了 5000 点以上的互联网泡沫之间的比较。从许多方面来看，这两个时期的出现都是由于某些最终被证明是错误的设想的刺激。在日本，房地产被严重高估，投资者们利用这些估值驱使股票上涨到了天价。在美国，认为企业收益不重要的设想最终被证明是错误的，这也是互联网泡沫破裂的导火索之一。成百上千家玩具电子商务（eToys. com）那样的公司，其首次公开发行的股票价格高得令人难以置信，结果却在几个月之后回到原点，因为投资者们意识到，这些公司没有可以带来稳定现金流的可持续的商业模式。当时形势严重失控，纳斯达克股票市场的市盈率倍数超过了120，而标普500指数成分股的平均市盈率倍数才40。

美国股市1999～2000年的估值与日本20世纪80年代末的估值十分相似。

不管是在1989年的日本，还是在2000年的美国，股票都被严重高估了，以至于这两个国家在不久的将来出现熊市几乎成为既定的事实。**2000～2002年的纳斯达克崩溃与20世纪80年代末开始的日本经济危机是如此的相似。**

接下来我们来看一看当时的一些数字。1989年12月，日经指数接近39000点，截止到1992年，日经指数下跌到了14000点附近。10年之后，日经指数下跌到了8000点以下。这是1929～1932年的经济危机以来对所有股票市场来说最差劲的市场。1990年1月份投入日本股市的1美元11年之后仅值67美分，年收益率为－3.59％。

将以上数据与美国“消失的10年”进行对比。在第一章当中，我们注意到，从2000～2009年，标普500指数的价值损失了将近10％。这一损失远远比不上日本所遭受的所有损失。但是，我们来看一看以科技股为主的纳斯达克市场。2000年达到巅峰时，纳斯达克综合指数涨到了5000点，在接下来的10年当中共有4个时期(分别在2002年、2003年、2008年和2009年)，纳斯达克综合指数的交易价格都只有其最高点的25％左右。(在高点出现的）十多年以后，即2010年初，即使从2009年的各个低点大幅反弹之后，纳斯达克综合指数的交易价格仍然还不到其最高点的45％。这表示2000年初投入纳斯达克市场的1美元，2010年仅值不到45美分。你再看一看纳斯达克100指数——即在纳斯达克交易所交易的100只最大的股票——损失更加严重。在2000年该指数达到高点时投入该指数的1美元，2010年仅值37美分左右。

※ ※ ※ ※

日本与美国的另外一个相似之处是，两个国家在试图支撑其经济和金融市场时所实施的大规模的刺激计划和支出计划。

20 世纪 90 年代初，日本政府实施了大量的经济刺激计划，其中包括多种以工作计划的形式出现的经济刺激计划，其目的是为许多人都认为已经是一潭死水或接近于一潭死水的经济注入一些新的生命力。然而，这些刺激计划成效甚微。1996～2002 年期间，日本的人均 GDP 几乎没有变化，仅仅增长了 0.2%。同样的，根据白宫经济顾问委员会发布的一篇报告，2009 年实施的经济刺激计划仅促使美国的 GDP 在 2009 年的第四季度增长了大约 2%，“这与它本应该产生的作用相距甚远”。另外一个相似之处是，日本和美国都是巨大的债务国。2010 年，美国的债务水平预计接近 GDP 的 100%；而在日本，债务与 GDP 的比例预计将接近 200%。

※　※　※　※

非常有趣的是，许多非常精明的投资书籍的作者都不相信，未来几年美国可能会经历一场日本那样的经济和金融上的衰退。在写作本书前的调研期间，我发现许多投资类畅销书籍的作者都把日本经济泡沫看作一个孤立事件，认为该事件不可能对美国造成影响。一些书籍只利用了一个段落或是一页纸张来叙述日本的经济泡沫，并且即使将日本和美国进行了相似性的比较，也只是极少数的比较。公平地说，绝大多数这样的书籍都是在 2008 年的流动性危机之前写作的。但是，正如我在本章当中所叙述的，这两个国家有许多相似之处，它们各自的政府在各自最动荡的时期所采取的措施也有许多相似之处。

例如，不管是在日本还是美国，人们都期望经济刺激计划能够扭转局面。我们都知道，那些一揽子计划对日本促使其经济和金融市场增长的能力影响甚微。关于这一类的经济刺激计划，我们要记住的关键一点是：它们是最后的手段。由于国家的私营部门太过薄弱，以至于它无法带来我们所期望的经济增长水平，因此每个国家的官员们都被迫介入市场，实施这些昂贵的政府计划。

由于我是在 2010 年写作这些文字的，因此我们的确不知道美国是否会经历像日本那样的长期妨碍经济和股市发展的问题。此时进行判断的确为时尚早，但是，我们已经知道的是，不管是有意识的还是无意识的，就像把所有资金都投入到股市的人物甲和购买小船的人物乙，未来10年都会更少有人愿意把自己的血汗钱投入美国市场，这将导致未来几年股票供求的自然失衡。

2010年2月底，在国会发表声明时，联邦储备委员会主席本·伯南克表示，即使经济一定会回升，也可能只是一轮“温和的”回升。这明显是一种坦白。即使已经花费数万亿美元，美联储主席仍然承认我们能期待的最多只是温和的回升。这样的预测显然无法为已经紧张不安的投资大众带来信心。

但是，至关重要的一点是，即使美国的确经历了很长一段时间的经济增长乏力，股票市场也的确裹足不前，但这并不一定意味着对美国所有投资者来说都是前景黯淡。意识到该国即将出现另外一个“消失的10年”并不表示你未来几年就无法获利，它只是表明了要想实施成功的策略，你就必须意识到所面临的市场不利因素。

正如之前所提到过的，未来几年，消失的一代投资者将更有可能转向固定收益投资产品或是债券，因此只有少数股票会得到大幅增持。不过，即使在本章所叙述的损失惨重的日本市场当中，也存在着少数获利的机会，可以创造出绝对收益——不管你是站在多头一方还是空头一方。所有这一切都表明，在一段较长的时间内，不管是一般的市场投资组合，还是被动型指数投资组合，都基本不太可能创造出多大的收益。

※　※　※　※

对本章内容的一个有意思的补充说明：在写作本章内容几个月之后，《巴伦周刊》刊登了《交易日报》(Stock Traders Daily) 总裁托马斯 H·凯的一篇吸引人的文章。托马斯宣称，股市将在自2007年开始的16年之内持续下跌。他创建了一种叫作“投资率”的概念，它是“专门用来衡量美国境内的正常投资需求的。”

凯解释说，要想判断出市场上将会发生什么，我们不应当研究像利率、商业库存和房屋开工率这样的东西，因为自这些东西有记录以来，经济学家和市场专家们就已经开始集中精力研究它们。相反，我们应当研究投资率，“它检测了所有经济活动的核心”。

一个基本的法则是，人们在把自己的孩子送入大学之后，即48岁左右，会把更多的资金投入到市场。在对某些人口统计资料进行分析之后，凯创建了一种模型，该模型将“凯时代”纳入了考虑范围。最后的结果是，我们正处于投资资金即将萎缩而不是扩大的阶段。凯暗示，我们正在进入一个非常艰难的时期，在这一时期内，高赤字、社会保障、医疗保险费用以及婴儿潮一代人（译注：1946年至1965年为美国的生育高峰期，出生于这一时期的人被称之为婴儿潮一代人）的退休问题将使得市场很难在2023年以前创出任何新高（不过市场有可能会在那之前触底）。凯检验过他的各种方法，这些方法从大萧条到惨淡的20世纪70年代期间一直有效，并且经受住了横向波动市场的检验。考虑到这一点，我把凯的投资率看作又一项支撑了我的理论的重要研究，而我的理论就是：未来几年我们将不会看到任何重大的市场发展。

第 3 章 揭秘华尔街最大的误区

在本书的前两章中，说明了未来 10 年将会充满障碍，它们将使得美国金融市场的任何重大发展都会成为一场巨大而艰苦的战斗——我希望你把这看作一种引人注目的问题。但是，我同样也说过，如果投资者能够被授予正确的信息、工具和技巧，被引入正确的方向，那么未来几年投资者也会有获利的机会。

本章的目的就是向投资者表明，他们一直以来所接受的股市教育许多都是彻底的误传，或者已经不再适用，以此对投资者进行再教育。不管是哪种情况，这些“事实”都必须被揭露，投资者才可能获得真正的机会，实现最优秀的投资经理人所能实现的收益。

我的目标就是让你对以下观念的误区烂熟于心，以便识别其虚假性质成为你的第二天性。只有到那时，你才能拥有必要的基础，才能进入第二部分内容的学习。在第二部分内容当中，我将详细具体地介绍如何在横向市场当中获利。

误区 1：绝大多数投资经理人都是优秀的选股专家

这或许是最大的误区。正如我在本书的前言当中所提到过的，一些投资经理人的确擅长于研究，也非常善于选股。但是我相信，这样的资产管理人仅占少数。大多数投资经理人都只是我所说的“被动型指数投资经理人”。他们这些“基准收益率拥抱者”不会进行基本面的研究，不会走出去接触企业，不会设法了解新的商业模式和新的竞争，也不会制定一套长期投资策略，只会设法买入足够多种类的股票（例如，或许 100 种，或许更多），以便可以与标普 500 指数的表现持平或是略微胜出。我初到华尔街时所经历的一件事就表明了这一点。

20 世纪 90 年代中期，我还是负责运营柯文集团（Cowen）旗下的私人银行公司的常务董事之一，当时有一个十分勤奋努力的投资经理人，为人非常好。我总是想当然地认为他是一个非常优秀的选股专家，会做大量的研究。一天下午，我在收盘之后去到他的办公室，看了看他的投资组合。他当时正在进行每一天结束时都要进行的投资组合分析，他当时正看着对于我是十分陌生的一张纸，这张纸上基本描述了他的投资组合。该组合一共有 95～100 只股票，上面标注了每只股票的信息，以及该股票属于哪个行业。

例如，如果他持有国际商用机器公司（IBM）的股票，该股票就被标注在标准普尔当中的信息技术行业。如果他持有辉瑞制药的股票，该股票就被标注在标准普尔当中的制药行业。每天晚上他都会查看自己的投资组合表现如何，同时将其与标普 500 指数的表现进行比较。他的表现是不如标准普尔还是优于标准普尔，这似乎是他唯一关心的问题。他似乎并不关心他的投资对象实际上是不是好的投资对象，是不是能够为其客户获利。

他的行为让我感到十分惊讶，这些年以来我一直记得这件事。在股票零增长的过去 10 年当中，我有一种顿悟：大多数情况下，“主动型投资经理人”（只负责为自己的投资组合选择个股的投资经理人）都不是真正的主动型投资经理人（做好自己的功课，进行各项研究的投资经理人）。我去过的地方越多，见过的投资经理人越多，参加的会议越多，就越加确信绝大多数投资经理人都只是被动型指数跟踪者。如果他们的表现能够超过标普 500 指数哪怕半个百分点，他们都会对自己的表现很满意，并且会对外宣称自己非常成功（在他们的营销材料上，这样的表现看起来会很好）。

误区2：华尔街上投资经理人的薪酬体系："为你获利就是在为我自己获利"

我至今仍然感到非常吃惊，绝大多数个人投资者竟然认为华尔街经理人的薪酬结构是建立在以下前提之上的："为你获利就是在为我自己获利。"在如今的对冲基金领域，上述说法或许是正确的，因为这是一个以绩效为基础的领域，对冲基金经理人会获得其绩效赢利的15%～20%。这种类型的投资就是设计来让投资者为绩效支付费用的。但是，即使在这一领域，对冲基金经理人也会收取1%～2%的管理费。

然而，当你购买共同基金，把资金交给某个投资经理人的时候，该经理人的报酬很可能是与资产的增加相关的，并不一定与绩效增长相关。例如，我们拿一个为其后有一个强大的营销机器的共同基金家族效力的投资经理人来说，如果他使得自己管理的资产增加了，我们假设从10亿美元增加到了20亿美元，那么他的报酬也会增加，因为他的报酬与他所管理的资产增加直接相关。我们再假设，和投资绝大多数共同基金一样，你正在付费让这位共同基金经理人管理你的投资组合，最终我们假设标普500指数上涨了7%，但同一时期该基金却损失了2%。即使这样该基金的相对表现和整体绩效都是负数，该经理人让你遭受了损失，他的总体报酬却可能翻倍，而这仅仅是因为他所管理的资产翻倍了。

值得注意的是，尽管绝大多数资产管理人及共同基金公司的薪酬结构与其个人表现/公司表现部分相关，但它们更多的是与该公司的赢利能力、资产增加和其他一些类似的因素紧密相关，这些信息不会对绝大多数投资者公开，尽管它们可能会在基金的招募说明书中被提到，但是几乎没有投资者会阅读说明书。因此，当你看到一则共同基金的广告时，或是看到某个基金经理人在CNBC上呼吁你把自己的血汗钱交给他们时，他们并不会向你透露他们的薪酬结构。这就是为什么你必须意识到你的利益与投资经理人的利益或许并不一致。

误区 3：投资经理人关心绝对表现

这个误区与前面两个误区有关，但是由于它非常重要，因此我需要单独对其进行讨论。并不是没有投资经理人关心他们所管理的基金或资金的绝对表现——即实际收益，而不是相对于某一个指数的收益。事实上许多基金经理人都非常关心这两点。但是，如果你去阅读许多共同基金的营销材料，你经常看到的都会是他们宣称自己将设法跑赢市场（最常见的是跑赢标普 500 指数），取得某种相对表现，这就是他们的目标。

或许你会认为他们的目标就是为你获利。很明显，他们也希望能够实现这一目标。但是，当你把自己的资金交给某一位投资经理人的时候，你应当要求他出示报告，用以证明当他的表现优于整体市场或是某一部分市场时，他是真的创造了出色的业绩。

这实际上正是华尔街不可思议的地方。我想不到其他任何职业是采用这种类型的绩效衡量方法。如果你去看医生，做了一次心脏手术，医生和医院会通过手术是否成功来衡量他们是否成功。他们不会仅仅因为你的病情已经没有另一张床上的心脏病人严重，就说手术是成功的。

华尔街疯狂的另一点是，你可以把自己的资金交给几个不同的投资经理人管理，而他们却全都可以让你的资金遭受巨大的损失，而每个人却还宣称自己表现优异，因为他跑赢了市场。这听起来简直不着边际，但事实就是如此，因此你需要知道投资经理人是如何衡量自己的表现的。我认为，成功的投资经理人的关键就是实现绝对正收益。赔钱就是赔钱。任何一个以相对收益为基础来衡量其表现的资金管理公司和共同基金公司，都不值得你把自己辛苦挣来的钱交给他们管理。因为他们在描述自己的绩效时，为自己留有最大的摆动空间。接下来让我来给你举一个极端的例子。

我们假设你购买了一只有社会责任感的基金，因为你主张投资于为人们和整个地球做善事的公司。你阅读了该基金的招募说明书，说明书上表示，该基金将以标普 500 指数的表现为基准，但是它将规避某些板块（例如烟酒类股票）。一年过去了，标普 500 指数这一年表现强劲：上涨 12%。此外你还了解到，当年的第二季度，华盛顿以外的地区得到发展，同时烟酒行业大幅减税。结果，烟、酒板块成为标普 500 指数当中表现最强劲的板块，分别上涨了 40%和 35%，这促使标普 500 指数也表现强劲。

然而有趣的是，尽管你所购买的那只有社会责任感的基金当年下跌了 2%（与标普 500 指数 12%的增长相比），该基金的经理人却可能会告诉你："我们跑赢了标普 500 指数。"你挠着头皮问道："这怎么可能？你们赔钱了。"此时他们给你的回答是："烟、酒板块的上涨占据了标普 500 指数这 12%的上涨的 85%，如果你不考虑烟酒板块，那么实际上是我们表现得更好，因为我们的基金跑赢了标普 500 指数剩余部分几乎两个百分点。"

这样的事情几乎每天都在每一家资产管理公司内发生，几乎所有的公司都能想出某种借口来解释他们为什么没能在基准收益率的基础上增加价值。因此，你必须当心，要注意游戏规则，以便自己不会被一些与实际情况相差甚远的可笑声明所影响。透明化，绝大部分公司必须将其视为生存基础的东西，在华尔街的许多产品身上已经不复存在。这里我再强调一遍，**华尔街不像其他绝大多数行业，它有它自己的一套规则，这些规则经常趋向于掩盖现实，而不是揭露现实。**而在其他消费行业当中则并非如此。如果你购买例如一盒麦片，你将清楚地知道自己买到的是什么。看一看包装上的文字就可以知道其卡路里数量、蛋白质和脂肪的克数，以及其他类似的信息。在资产管理行业，你却无法获得这样的透明度。

这里还有一个来自于互联网行业的例子。我们来到投资管理公司普信投资公司（T. Rowe Price）的主页，映入眼帘的粗体文字是如下声明：

> 我们所管理的基金 75%以上都击败了理柏（Lipper）所计算出的同类其他基金的加权平均数①。

① 译注：基金研究机构理柏根据其设计的四个评估标准——总回报、稳定回报、保本能力、费用，计算每只基金的加权平均数，继而将同类基金以百分位数排名。该评级系统中的基金排名每月更新，分别按照 1 年、2 年、3 年和整体表现计算。评估标准如下：领先的 20%评级为 5，并被授予理柏领导者（Lipper Leaders）的称号；之后的 20%评级为 4；中间的 20%评级为 3；再之后的 20%评级为 2；最后的 20%评级为 1。

商业报告公司路透社旗下的理柏公司，会提供所有类型的共同基金的平均表现水平。详情请登录普信投资公司官方网站，点击“了解更多关于我们的投资管理方法的信息”，你将首先看到：

探索普信投资公司的不同之处：

我们严格的、久经考验的投资管理方法，70 多年以来已经在各种各样的市场环境下被证明是成功的。事实上，截止到 2009 年 12 月 31 号为止的每一个 3 年、5 年和 10 年期，我们所管理的基金 75%以上的表现都超过了同类其他基金的理柏加权平均数。*

这里的星号表示参看该网站下方的脚注。

从累计总回报来看，普信投资公司管理的 169 只基金当中有 123 只（73%）、145 只当中有 116 只、133 只当中有 118 只、71 只当中有 56 只都击败了同类其他基金的理柏加权平均数。普信基金（包括所有的股票类基金，排除投资于保险产品的基金）在截止到 2009 年 12 月 31 号为止的 1 年、3 年、5 年和 10 年期内，表现都超过了同类其他基金的理柏加权平均数。并不是所有的普信基金在所有时期内的表现都超过了同类其他基金的理柏加权平均数。（数据来源：理柏公司）

现在你知道我为什么从来不相信星号中的注解了吧。

误区 4：指数基金是最好的投资方式

每十个投资经理人当中大概有九个都常常表现不如标普 500 指数，这在投资类书籍的读者当中广为人知。鉴于这一引人注目的数据，许多伟大的投资人物，例如沃伦·巴菲特和先锋集团的创始人约翰·博格尔，都曾建议个人投资者最好把自己的资金投放到指数基金——这是一种低成本基金，它们复制某种基准指数的表现，如标普 500 指数（最常用的基准指数）、罗索 2000 指数，或者甚至是整个股票市场（这是终极指数基金，一种允许你购买整个股票市场的基金）。

指数投资也被称为被动投资，因为它不需要投资经理人为其基金选股。相反，组成某只指数基金的股票市值规模和它们在某个特定股票池当中的权重是已经确定的（例如，罗素投资集团：罗素 2000 就是由 2000 只最小的股票构成的，其入选资格由其市值和目前的指数成员共同决定）。我认为，投资者把自己的血汗钱投放到指数基金上是完全错误的，尤其是在未来 10 年当中。在我看来，建议你投资指数基金的广告是误导性的市场营销。正如我们在前面两章举例中所看到的那样，1999 年，一名投资者决定把自己的资金投放到一只标普 500 指数基金，之后的 10 年之内却遭受了损失。也就是说，他的资金不但没有获利，反而遭受了损失。这位投资者如果把自己的资金放到定期存款当中，或者说放到储蓄账户当中，其经济状况将会更好一些，即使这些投资产品的回报率在那 10 年之内只有几个百分点。

投资指数基金的基本前提是，大数定律是站在你这一边（你的运气非常好），因为毕竟 90％的资产管理人都无法跑赢目标指数，无法为其基金增加价值。然而，事实还不仅仅如此，正如我们之前所讨论过的，许多投资经理人都无法为其基金增加价值，因为他们甚至都没有尝试这么做；他们只是在尝试与基准指数收益率“持平”。因此，我们对投资经理人的信任度不得不大打折扣，因为他们的行为使得他们更加接近于被动投资的阵营，而不是主动投资的实践者。

对于指数基金，我认为还有一个大问题，那就是当你把自己的资金投放到某只指数基金上的时候，并不是在利用随处可见的有利可图的投资机会。而是在把自己的资金压到一只我认为将长时间内不会有任何进展的基金上。

这意味着当市场下跌的时候，资金将被套牢，会在市场上涨的时候，限制了自己的收益。如果你利用我在本书第二部分中所介绍的方法，积极主动地管理自己的投资，就可以使自己获得优于市场和平均基准回报率的长期正收益的机会。

当积极主动地管理资金的时候，我通常都可以跑赢（标普 500

指数和罗素2000）这两种市场平均指数，并且能够为我的客户实现正收益——不只是相对收益，包括绝对收益。我始终关注绝对收益，因为我认为，如果没有为我的投资者创造正收益，就没有做好自己的本职工作。请不要误会我的意思，一个人不可能一直实现正收益。有一些股票会让哪怕最好的投资经理人措手不及，但是，如果你的成功率能够达到60%左右，就能够像我以前一样，在绝大多数时候实现正的净收益。

但是，那些认为指数投资是一种低成本投资方式的人呢？难道他们的看法是不正确的吗？他们的看法是正确的，因为买入指数基金的确非常便宜。

然而，这并不是重点。当你成功地管理自己的资金时，可以在市场下跌时遭受小于市场平均水平的损失，在市场上涨时获得大于市场平均水平的赢利。我们不要忘记本书的关键性前提：你可以在市场裹足不前时获利。即使你所管理的只是自己的资金，你通常也可以成为十个“经理人”当中唯一一个为自己的投资组合增加价值的“经理人”。

误区5：你的经纪人或投资经理人每一次为你推荐某只特定的股票或共同基金时都以你的利益为重

再次重申，我并不是说每一个经纪人和投资经理人都是设法让你遭受损失的恶魔。但是，投资行业的某些真相是你应该知道的，这样才能够正确地权衡你从理财“专家”那里所得到的所有建议。

我们假设你住在丹佛，把自己的资金交给了一家大的投资公司，在这里我把该公司称为甲公司（为了保护无辜，这里我不使用真实名称）。你在当地有一个来自于甲公司的理财顾问，他与你合作，为你制定理财目标，把你的股票和基金组合放在一起组成一个投资组合。你是在看了该公司的一则暖人心房的电视广告之后选择该公司的，在这则广告当中，一对老夫妻坐在沙滩上，讨论着他们的提前退休计划，以及打算在海边买一幢漂亮房子的计划。此外还有一家理财公司的一则广告也吸引了你的注意力，在这则广告当中，有一个刚刚从大学毕业的年轻女孩，和另外一个穿着婚纱的年轻漂亮的女人，她们身边都站着她们的父亲和她们的家庭理财顾问。

你无法从这些“金融超市”——通常指的是拥有各种单位、部门和众多金融产品的大型投资银行，片面的广告当中明显地看出这些公司的理财顾问同时担任着各种不同的角色，这是资金管理行业中一个肮脏的小秘密，并且这种现象或许比你所想象的更为普遍。接下来我们进一步探讨，以便你可以清楚地知道市场背后都在发生着什么。

你所指望的那位理财顾问参考的是他们公司内部生成的研究，与他们公司的战略家交流，定期与他们公司的投资政策委员会交流。投资政策委员会，即负责制定该公司的整体战略方向和设定投资选择及决策参数的团队。

尽管你是某家证券经纪公司或投资银行的顾客，理财顾问应当为你推荐最有利的投资产品，但是你的顾问或许同时服务于两个利益相关者——你和另外一家资金管理公司。

换句话说，当你是某家大型公司的顾客时，你的投资顾问、理财顾问，或者不管他把自己称为什么，他都是他所服务公司的产品推销者。因此，如果你的股票经纪公司与某家共同基金公司签订了一份销售协议，那么你的投资经理人或是理财顾问就必须销售他所在的公司承销的或者说“推荐购买”的投资产品。

因此，当你的顾问正在向你推荐他认为完全符合你的投资目标的投资对象时，他实际上可能是在基于一套完全不同的标准向你进行推荐。例如，森科能源公司（Suncor Energy）可能是当时市场上最好的能源股，但是你的理财顾问不会向你透露这一点。相反，他所在的公司或许需要推荐埃克森美孚石油公司（Exxon Mobil）或是荷兰皇家壳牌石油公司（Royal Dutch），那么你将了解到的就是这两家公司的股票。对于共同基金来说也是一样。我并不是说这必定是一件坏事，只是在华尔街上，“火腿就是这样制作的”，骗局就是这样形成的。当你与大型金融机构打交道的时候，必须接受你只是大池塘里的一条小鱼这一事实。只有到那时，才能对那些被推荐给你和你的家人的投资产品持有合理的怀疑态度，并对其进行详细审查。这个问题有一点棘手，因为和其他任何一个行业一样，投资行业也存在着一些滥用权力的人，他们占据了所有的新闻头条（想一想伯纳德·麦道夫）。但是，卡明斯基团队与之打交道的绝大多数理财顾问都是诚实的人，他们每天上班时都会设法谨慎对待他们的客户。不过，理财顾问同时服务于多名顾客是投资行业无法改变的运作方式。

误区 6：在电视屏幕上发表谈话的人总是会说一些有意义的事情

我们所有人都在每一个商业节目和商业频道上看见过所谓的投资专家。这些权威人士来自于投资领域的各个阶层，从商业书籍作者到组合投资经理，再到标普 500 指数公司的 CEO。

作为一个从财经电视早期就开始出现在电视节目里的人（我是 CNBC 最成功的早间节目《财经扬声器》最早的主持人之一），我始终感觉到一种强烈的责任感，应当对事物的本来面目提供真实而完整的评估。不管是在讨论某一只特定的股票，还是整体经济。在给出自己的观点时，会以从多年以来所结识的许多金融业人士那里所了解到的信息为基础，外加其他一些观察数据，例如从网络上或是各大报纸的财经版上所阅读到的信息，或是当天或当周从财经电视上所了解到的信息。无论是出现在 CNBC 上的时候，还是在接受像《商业周刊》《财富》或《福布斯》这样出版物的商业记者采访的时候，我都努力揭露事物真实的面目。作为一个经常与个人投资者打交道的人，对于在财经电视上提供建议的“专家”们应该具有哪些公平道德的行为，我有着某种十分强烈的意识。当看到财经电视上的一些专家和权威人士的行为时，有一些行为着实让我感到不快。

首先，我不能忍受的行为与透明度有关，或者说其行为缺乏透明性：组合投资经理、理财顾问，以及诸如此类的人物，会出现在电视上，谈论某一种特定的策略或是他们所持有的某一只特定的股票。这位专家可能会说：“我喜欢 IBM”，或者是“我喜欢通用电气。”多年以来，采访这位专家的人甚至都没有问过，这位专家或是他所在的公司是否持有他喜欢的那只股票。10年以前，有人发现某些分析师在电视上对股票的分析是一回事，私下告诉其朋友的却完全是另外一回事。他们的这一行为给公众提出了挑战，导致他们卷入了各种各样的麻烦当中，随后一切便发生了变化。相关方制定了新的游戏规则，这个问题得到了解决。

然而，我今天却发现了一个无人谈论的同样惊人的问题：在那位组合投资经理告诉采访者他持有IBM的股票之后，竟然从未有人追问以下关键问题：

> 你所投资的那只股票在你所管理的总资产中占多大的比例？关于为什么喜欢这只股票，你提出了非常有说服力的理由，那么这只股票在你的投资组合中是占0.5%还是1%呢？还是说占8%？

不久以前，我上了CNBC的《快速赚钱》这一节目，并且在节目中提到了美国电塔（American Tower）这只股票。我当时明确指出，我之前所在的团队目前持有这只股票的800万股，买入价为每股40美元。我所传达的信息，与只是说自己喜欢哪只股票的典型的投资经理人所传达的信息有着天壤之别。如果该基金管理着1亿美元的资产，但是却只持有这只股票的3000股，或者这只股票在他的投资组合中所占的比例不到0.01%，那该怎么办？我对整个披露事件有很大的意见。这就是为什么我希望财经节目中的工作人员以及各杂志新闻记者能够表现得像是在设法管理自己的资金一样，像是要把自己所发现的信息用作进行投资决策的依据。

接下来的问题与我之前所提到的关于这位组合投资经理是否持有他所推荐的那些股票的问题类似。这是我认为非常奇怪的一个问题。在管理资金的时候，许多潜在的客户会问我：“你购买自己的基金吗？”从卡明斯基团队的角度来看，这是一个不假思索就可以回答的问题。如果你打算把自己的血汗钱交给我来管理，你所得到的答案一定会是：“我们当然会购买我们自己的基金。”我想如果你都

“不吃你自己做的饭”，这绝对是荒谬可笑的。

我无法告诉你我曾在电视上见过多少投资经理人总是违反这一关键原则。投资经理人滔滔不绝地讲述他所推荐的一系列股票，简单地解释他为什么喜欢他所推荐的每一只股票。当采访者问道（这通常是在采访即将结束的时候）：“您所管理的基金持有您在这里所推荐的哪一些股票?”该投资经理人回答道：“没有持有任何一只。”此时我目瞪口呆。作为一名观众，我对自己说：“这个人到底为什么会有哪怕一点点的可信任性?”

对于我来说，他所说的全部都是废话。如果你打算根据其他人的推荐来进行投资决策，你就必须了解事情的全部。例如，我们假设某一位组合投资经理在CNBC上声称自己持有亚马逊和谷歌的股票，他或许甚至根本不喜欢这两只股票，但是他却向投资者们推荐，因为他所持有的科技股权重过高，而如果他打算继续持有权重过高的科技股，他就必须持有一些最大的科技股。那么如果这两只股票上涨10%，这位经理人是会继续持有这两只股票10天，还是会长期持有呢？你从这样的人那里所得到的通常都是一维的信息，而投资却始终是一项三维的活动。

我还记得以前偶然遇见几个这样的投资经理人，与他们谈话的过程我会询问他们所“推荐的股票”与他们所“持有的股票”的相关信息，他们会回答说：“嗯，我们的这只基金只持有这些类型的股票，所以我们不能买进不属于这些类型的股票。”

此时我想到一个故事，它说明了一些投资经理人是如何因为把自己所管理的基金进行分类，而使自己被捆住了手脚。正如整本书中所强调的，投资者需要知道是什么促使投资者分裂成了买方和卖方两大不同的阵营。也就是说，投资者必须了解某一位投资经理人为什么可能会抛售数万股他仍然很喜欢的一只股票，某一位投资经理人又为什么可能不会买入哪怕一股他非常喜爱的一只股票。我们来仔细地看一看第二种情况的一个例子。

森科能源公司（SU）是我一直特别喜欢的一只股票，也是我在CNBC上时常提到的一只股票。关于森科能源，我有一个非常好的例子，它将说明在进行投资决策之前了解市场背后正在发生什么，为什么会如此重要。

要提前告诉你的是，这是我投身投资游戏20年以来所听到过的最荒谬可笑的事情之一。

当时我正在森科能源的总部所在地，加拿大的麦克默里堡。那时该股的价格已经在我们的买入价的基础上翻倍，也就是从30美元每股快速上涨到了60美元每股，它的市值——即该公司股票的市场价值——大概是95亿美元。碰巧有另外一家公司的一名分析师正在当地进行收集信息的商务旅行，我和我的一位同事与该分析师进行了一次谈话。

“哦，你持有森科股票吗?”我们问道。(我们确信他持有，不然他为什么去那里?)

当那位分析师说他并没有持有的时候，我们非常震惊。

他声称自己一股也未持有。

他说他所在的资金管理公司已经紧密跟踪森科两年，并且对该公司的各方面表现都非常满意。

“既然如此，你们为什么不持有这只股票呢?”我问道。

“我们不能买入这只股票，”该分析师表示。“我们是大盘股成长型基金，这只股票还没有达到我们的门槛。它的市值必须达到100亿美元我们才能碰它。”

因此，这个人什么也不做，只是眼睁睁地看着该股从30美元上涨到60美元，但却不能碰它，因为他的职位是大盘股投资经理人。所以，你应该已经了解，这就是这个游戏的玩法。你必须了解，当你打算从某人那里买入某一只股票的时候，或是打算把某一只股票卖给某人的时候，你的交易对手可能并不是因为认为这只股票会上涨或是下跌才买进或是卖出的，而是因为投资游戏的某些荒谬可笑的特性。

换句话说，投资经理人经常被他们自己的标签捆住手脚。大盘股投资经理人在某些股票的市值达到某一个水平之前，不能买入这只股票。要想成功，投资者和投资经理人需要“挣脱束缚”，以便不被限制投资机会的无聊标签所约束。同样的，一旦某一只正在赢利的股票不再是小盘股，小盘股投资经理人就不能再继续持有这只股票，即使该股所属公司一切正常。要想了解华尔街的弱点，这些都是投资者需要注意的奇怪的“规则”。

在我看来，任何人都不应当推荐任何一只他自己都没有持有的股票或是其他类型的证券，不管是在私底下，还是在他所管理的基金内。

误区 7：所有的卖方分析师都会进行原创性的研究工作

在你询问“什么是卖方分析师”之前，我先来定义我所提出的术语。卖方分析师工作于像美林证券、摩根斯坦利、高盛投资公司或是瑞杰金融集团这样的证券经纪公司，就应该持有哪些股票以及应该如何对这些股票进行评级，向其公司的客户进行具体的推荐。

买方分析师服务于某一家共同基金公司或是某一只养老基金，就应该持有哪些股票，向其公司的投资经理人进行推荐。买方分析师所做的研究仅供其公司内部人员使用，不会披露给该公司以外的任何人。

接下来让我更加详细地说明这两者之间的区别。我们以医疗保健公司——强生公司为例。假设第一波斯顿证券投资公司的一位分析师正在跟踪强生公司的股票，他的工作是把研究结果发送给第一波斯顿证券公司的客户，让客户了解强生公司目前的状况。他或许会在强生发布其季度报告之后立即就给客户发送研究报告，说明他认为该公司目前正面临着哪些关键问题，哪些是重要的外部因素，同时对该公司的财务报表进行分析等等。他或许会发表意见，建议客户买入、卖出或是继续持有这只股票。这就是对卖方分析师的工作的一个大致描述。

相反，买方分析师则负责告诉他所在公司的组合投资经理，特定某一只股票是应当被纳入还是被剔除某一个投资组合。我们以富达投资集团（Fidelity Investments）为例。假设富达的一位买方分析师正在跟踪强生的股票，他会在富达内部直接把强生公司的经营状况报告给组合投资经理。例如，富达麦哲伦基金（Magellan

Fund）持有的是大盘股，其经理人对强生公司感兴趣，富达精选医疗基金（Fidelity's Select Health Care Fund）的组合投资经理也对强生感兴趣。此时，该买方分析师便会就强生公司给出自己的意见——但是该意见停留在该公司内部。

如果你是一名散户，并且正在独立进行操作，那么你永远也不会真正有机会了解买方分析师在做什么，说什么。当个人投资者接触到分析师时，100次当中有99次，他们所阅读到的或是所听到的内容都是卖方分析师所发布的内容。买方分析师只服务于他们自己的机构。所以，如果富达投资集团的分析师决定在公司内部对强生公司进行降级，以建议公司的投资组合经理卖出强生，你作为一名个人投资者，是不会得知此事的。或许一年以后，当你查看共同基金的持股情况时，会发现这件事，你会发现曾经持股比例最大的强生公司如今已经不在其投资组合当中。

这里的误区是，许多卖方分析师都会进行原创性的研究工作。事实未必如此，这里我们又要回到“相对表现”这个话题。我认为，绝大多数卖方分析师都不过是发布报告的人。这是什么意思呢？意思是他们所做的只不过是收集公共监管文件、像10－Q报表和10－K报表这样的技术性报告（这两者分别属于季度报表和年度报表，其中包括各种财务数据、工资信息、企业增长信息以及其他类似要素的信息。上市公司必须把这两种报表提交给证券交易委员会）、业绩报告、公司新产品的新闻发布会、新的市场销售协议等等，然后把这些信息过滤之后发回到他们所在的机构。事实上，他们提供给客户的信息绝大多数都是强生公司网站上现成的信息。他们可能会在其分析报告中加入一些新的东西或是自己的意见，但是他们几乎不会提供什么全新的意见或是信息。在强生公司的例子当中，他们或许会报告说强生的销售额增长了百分之多少，药品销售总额增长了百分之多少，核心产品销售额下降了百分之多少。他们进行研究的方式与二三十年以前的研究方式相去甚远。

例如，与今天相比，20世纪80年代的卖方分析师会进行多得多的原创性研究。当时，卖方分析师大多是需要自己做功课，需要预测和推断他所关注的公司未来可能出现的情景。如今，卖方分析师的工作表现发生了变化，这主要是由于过去几年的政策法规的变化。几年前，各大公司可以和卖方分析师一起坐下来，帮助分析师设法预测本公司未来一两年可能出现的状况。

如今，像公平信息披露规则（Reg FD）这样的法规已经改变了形势，改变了投资领域。该规则于2000年正式通过，旨在确保所有群体平等获悉同一信息。它规定，上市公司所发布的所有信息必须同时向所有人发布。毫无疑问，公平信息披露规则提高了透明度，但同时也增加了一项监管障碍，以至于当各大公司在与分析师会面时，必须立即将他们提供的信息披露给其他所有人，以保持整个投资游戏市场的公平性。这是好事，但该公平信息披露规则所导致的一个意料之外的结果是，它使得卖方分析师更多的是成为一种报告发布者，而不是未来趋势的预测者。

因此，20～30年前，卖方分析师会与公司会面，设法了解该公司的5年商业计划，然后构建一个模型，设法把对该公司成长方面的某些假设加入该模型中，然后计算出该公司的合理估值。如今已经不再是这样的了。

我们回过头来看一看这里的误区是什么。这里的误区是：卖方分析师会进行原创性研究，会为你增加真正的价值。我强烈地认为，投资者从来不应当根据他们从卖方分析师嘴里所听到的内容（或是从卖方分析师发布的材料中所看到的内容）来进行决策。当你听说卖方分析师将某些股票升级或是降级，这并不一定是因为他们对该公司或该股票的看法发生了改变，这或许是因为他所在的整个公司改变了对宏观前景的看法。事实上，他们反馈给你的只是已经发布的信息，只是在让信息回流。这让我想起了我最爱的卡明斯基团队的一句投资名言：**“当你依赖他人的研究时，你只知道他们所知道的，而他们所不知道的就是会让你遭受损失的。”**

当然，在我20年的投资生涯中，也遇到过一些真的敢于冒险对某一只股票进行各种设想和大胆预测的分析师。但是，真的能够跳出固有思维模式的分析师或许只有10%～20%，不可能更多。

误区8：长期来看，股票总是会上涨

这一误区让一些金融产品大卖，同时也对资金管理服务的销售大有帮助。股票、共同基金、交易型开放式指数基金，以及其他一些投资产品总是会上涨，这一说法很大胆，但是我认为这是一种欺骗性的说法。事实是，我们根本不知道。我们只知道，如果你在某些时期只持有股票，而不持有其他一些资产类别，例如债券或是现金，你会获得更高的收益率。

但是，也曾出现过一些股市长时间裹足不前的时期。例如，20世纪60年代末一直到20世纪70年代，再到股市好转的1982年，就是这样一个时期，而正如我在第一章当中所讨论过的，过去10年我们也见证了一个出现了类似情况的时期。但是，表明接下来100年股市将会上涨的证据在哪里呢?

没有任何证据可以表明“买入并持有”策略未来将会行得通。本书主要的假设就是，买入并持有不再是一种可行的投资策略，尤其是在即将到来的震荡市场当中。当你询问站在买入并持有阵营里的投资者，问他们有什么证据可以表明未来几年股市一定会上涨，你几乎从来得不到一个简明一致的答案。其中几个典型的回答包括：“股票将会在通货膨胀时期为你提供保护”或是“如果正确投资，带股息和红利的股票将会带来比固定收益更大的收益”等等。

我认为，买入并持有是死路一条，买入—卖出才是明智的选择。正如我们将在第七章中讨论的一样，买入并持有是以企业有能力数十年保持竞争优势为基础的。现如今，全球市场变化迅速，信息实时传送到世界各地的所有市场参与者，以至于企业的竞争优势很快就会消失不见。

不过，你还是可以通过两种方法来从股票当中获利：第一，可以在股票价值上升的时候获利。但是，如果不选择卖出股票，该股所创造出来的额外财富就只是账面财富，而不是可以拿去超市花的钱。而如果买入之后再卖出，你就可以获得资本利得。第二种获利的方法是通过股息和红利来获利，我们将稍后对此进行讨论。

特定某一只股票的价格会上涨是因为它的需求大幅度上升（例如，由于成功发布某种新产品，或是聘请了一名新的优秀CEO）。当特定某一只股票的需求上升时，这只股票的价格也有可能会上涨。在这种情况下，该股的市盈率倍数可能会提高，这表示投资者对这家公司的估值提高了（例如，投资者或许会认为特定某一只股票目前的价值是其目前收益的25倍，而不再是20倍）。但是，如果接下来20年的市盈率倍数实际上下降了怎么办？也就是说，尽管出现了新的改革和管理方面的有利变化，但是人们在持有股票的时候愿意支付的市盈率倍数实际上却下降了怎么办？

之前我们确立了这样一个事实，即长期平均市盈率倍数一直以来大约是15。当股票的交易价格是其收益的10～12倍的时候，我们就会认为它们很便宜；相反，当股票的交易价格是其收益的16～18倍的时候，它们就太昂贵。

但是谁知道呢？谁知道下一代投资者是否会十分满足于固定收益，没有其他的追求，从而促使股票的市盈率倍数下跌到非常低的水平呢？

仅仅因为从长期来看股票一定是上涨的而买入股票，就像是在说："我打算每天都玩扑克牌，因为最终我一定会有一手好牌。"可等到你有一手好牌的时候，可能已经输掉1000美元，手里只剩下最后的50美元。看一看当你等到自己有一手好牌的时候，已经输掉了多少钱。

这就是"股市总是会上涨的"这一理念背后的那种完全不成熟的想法。

简言之，在未来几年，打赌整体市场会上涨或许是投资者所能进行的最失败的打赌。

误区9：个人投资者无法战胜职业投资者

这个误区与本章中其他几个误区相关，但是由于它是本书的主要主题之一，因此十分重要，值得在此单独进行说明。

我们已经讨论过个人投资者能够战胜投资专家的几个原因。首先，许多投资经理人都紧抱基准收益，充当被动型指数跟踪者，遵循“从众心理”。

作为一名个人投资者，你不会被许多绊倒大量投资经理人的东西所约束。买卖股票的时候，你只需要对自己负责。不必烦恼如何跑赢标普500指数，也不必促使新的投资者向你的基金投入新的资金。你可以做自己的研究，创立自己的投资理论，依据正在发生的事件采取行动，不必对其他客户负责。

这里有一个恰当的例子，证明了以上观点。假设你确定打算买入一家正在快速增长的零售商的股票，该零售商销售青少年冲浪服。你认为该公司成长潜力巨大，你喜欢它开拓新市场的策略，同时你也认为它有独一无二的产品。

一名正管理着100亿美元的机构投资经理人也确定自己喜欢这家公司，也想买入该公司的股票。关键的区别是，当考虑持有某一只股票的头寸时，你的动作可以快得多。让我来对此进行详细说明。

在这个例子当中，假设你有一个20万美元的账户，你决定以每股20美元的价格买入1000股。此时该股在你的投资组合当中所占比例为10%。如果该股要在这名管理着100亿美元基金的共同基金经理的投资组合中占据相同的比例，该经理必须去市场上买入5000万股。

如果他以同样的价格买入这只股票的500万股，这就是一笔1亿美元的投资。我们再假设这只股票的资本总额为13亿美元。考虑到要买入的数量很大，他很可能需要2～3周才能累积500万股，因为每一只股票每一天的交易量只有那么大。

在这位组合投资经理建立了自己的头寸几天之后，你和他都看到了《华尔街日报》上的一篇报道。该报道表示，此时该零售商有了新的竞争者（一家正从地区性扩展成全国性的公司），并且由于这个新的竞争者，该零售商将需要改变其市场营销推广计划。事实上，它不得不重新把重点放到其“旧的”商业模式上。由于这篇报道，该公司的股价一天之内从20美元下跌到了17美元。此时作为一名个人投资者，与机构投资经理人的区别就在于，你实际上处于一个更加有利的地位。

比这位组合投资经理更具优势的原因是，你可以在某些状况发生变化时卖出该股（我们将在本书第二部分中讨论卖出行为准则）。能够通过一次快速的交易来卖出所有的股票以进行平仓。但不幸的是，这位组合投资经理却会被这些股票困住至少几周的时间，因为他需要很长的时间才能卖出这些股票。由于这个原因，他可能会选择继续持有这些股票，而不是卖出。如果他像你一样持有更少的股票，他或许就可以做出相反的决定，卖出这些股票，或者先卖出，以后再重新买入。但是，由于该资产管理人所要处理的股票数量过大，因此他无法做出这种选择，而你却可以通过快速离场来避免资产面临的更进一步的损失。

这就是船小好掉头的一个例子，它让较小的个体更具有优势。也存在着一些资金量较大大有帮助的例子，但并非所有时候都如此。沃伦·巴菲特，投资海洋中最大的一条鱼，他可以获得特殊待遇，可以影响他所投资的公司。但是，你不必成为沃伦·巴菲特，就可以变成管理你自己资金的一流经理人。

此时你或许会表示怀疑，会说："别胡扯了，小人物不可能比大的机构组合投资经理更具有优势。"然而，证据是不会说谎的。

根据《华尔街日报》的报道，2000～2009年期间，杰纳斯资本管理集团（Janus Capital Group）的股东财富蒸发了惊人的584亿美元，该公司曾被宣布为最大的基金公司之一，但它在长达10年间的总收益却是每年为负的1%。根据晨星基金评级公司所进行的一项分析，杰纳斯的表现如此糟糕，以至于《华尔街日报》将其称之为最可怕的"财富摧毁者"。此外，杰纳斯并不是唯一一家表现糟糕的基金公司。百能投资公司（Putnam Investments）损失了464亿美元的客户资金，联博控股有限公司（Alliance Bernstein Holding）损失了114亿美元，景顺投资集团（Invesco）损失了101亿美元。按照基金类别计算出来的总损失金额甚至更加庞大：大盘股成长基金的价值蒸发了大约1076亿美元，而科技股基金的股东财富则损失了628亿美元。

这些都是投资海洋当中最大的鲨鱼，但是看一看它们的投资结果，毫无疑问，你应该相信自己可以表现得更好。接下来我们进入第二部分，以便可以学习一些技巧和策略，它们将帮助你跑赢一些最优秀的基金经理。

第二部分

表现优异的策略与行为准则

第 4 章 逆向投资

为了跑赢市场，投资者需要清楚地知道如何识别哪些投资工具最过度使用，这样他们便不仅可以避开这些工具，而且还可以进行逆向操作。我一直以来都把自己看作一名与公众背道而驰的投资者。这是因为研究已经表明，绝大多数投资者通常都在交易时站在了错误的那一边。正如之前所提到过的，绝大多数投资者都在错误的时机采取了错误的行动。

例如，2009 年第一季度股市崩溃时，无数投资者于当年 3 月份把自己的资金撤出了市场，当时道琼斯平均指数大约是 6，500 点。如果当时投资者把自己的资金留在市场当中，他们所持有的股票将会在一年之内上涨 60%以上——这种规模的赢利通常 30 年才会出现一两次。这进一步证明了择时交易是伟大的华尔街营销机器又一项失败的技术。

2009 年 11 月，最过度活跃的交易是做空美元，它表明公众通常是如何在错误的方向上采取行动的又一个例子。做空某种投资标的是指，我们先借入，然后卖出我们目前所没有的这种投资标的，当该标的价值下跌的时候，我们再把该投资标的买回来还给出借人，由此赚取差价。当时各大投资机构、对冲基金和一流的投资者全部都预测美元对其他主要货币（例如日元和欧元）的汇率将继续下降，这是由于我们之前所讨论过的联邦储备委员会和财政部所实施的一系列极端宽松货币措施。

这就是为什么我当时会强烈建议投资人在世界其他地区都在做空美元的时候买入美元。根据我的经验，交易时站在少数人那一边可以让你获得可观的收益。买入美元最简单的方法是通过 ETF 买入，ETF 最大的一个好处是，它允许你就像买入一只股票一样，通过买入单一的一种证券来买入一揽子股票。在这种情况下，投资者买入代码为 UUP 的 ETF，就可以在几乎不用支付任何费用的情况下买入美元。这是一种非常好的保护你的股票投资组合或者说与其进行对冲的方法，因为 UUP 很可能会在你的股票投资组合下跌时上涨，原因是如果利率上升，美元反弹，股票很可能会下跌。因此，持有美元将为你提供一种极好的对冲工具，以保护你的投资组合。有许多种投资标的（例如债券、黄金和石油）都会在股市下跌时上涨，这就是为什么它们是可以在股市低迷时充当对冲工具的强有力的投资标的。对冲是一种重要的观念，我将在本书的最后一章中对其进行更加深入的讨论。

10 年前，管理自有资金的个人投资者，没有能力利用这些简单的、低费率的金融产品来对冲其股票投资组合，我将告诉投资者如何利用许多已有的金融创新产品。

每当你买入 1 股……

人们总是忘记的一件事情是，每当你买入 1 股股票，都有另外一个人在把该股票卖给你；每当你卖出 1 股股票，都有另外一个人在买入。这或许看起来是一件显而易见的事情，但实际上却不是。极少商业场所内会发生这种类型的相互作用。例如，当你进入一家熟食店购买一份三明治的时候，先是店员制作三明治，然后你吃掉三明治，最后三明治消失。这是关于食物的一个实例。

我们再来举一个例子。假设你打算购买一台新的电脑，该电脑已经被生产出来，并且已经被运送到了某家零售商那里，然后你购买了这台电脑，此时这台电脑就离开了市场，到了你的手里。

但是，资本市场上的交易根本没有终点，也正是这一点使得资本市场如此独特。每当有人在买进，就有另外一个人在卖出。这种交易没有最终价值。每一次交易都只是该有价证券的一次换手，而这种换手将无限期地进行下去——某种极端情况除外，例如该公司申请破产或是被并购。

我们来看一个具体的例子。一家叫露露柠檬（Lululemon）公司的股票是我一直紧密跟踪的一只股票，该公司为瑜伽、舞蹈、跑步和其他一些运动生产男女运动装。我此时正在做空该股，在我写作这一章内容的时候，露露柠檬的交易价格大约是每股 26 美元，该股在 24 小时之内下跌了 1 美元多一点，即 4%。

因此，对于这只股票，我们首先知道的一件事情就是，卖方多于买方。我们是如何得出这种结论的呢？由于其他一切都是公平的，即理论上来说，每一个正在买入和卖出的投资者都掌握着同样的信息，所以如果该股正在下跌，就表示卖方一定多于买方。当然，反之亦然。如果该股正在上涨，我们就知道买方多于卖方。

当可能会驱使该股价格上涨的正面新闻发布时，卖方仍然会愿意把该公司的股票卖给你，但是只会以更高的价格卖给你。这是因为，他认为这则已经发布的新闻为该公司创造了更多的价值，并且市场也已经验证了他的这种观点。反之亦然；如果出现了关于你持有其股票的某家公司的负面新闻，例如或许是关于某一个新的竞争者正在夺取该公司的市场份额的新闻，那么买方就会抓住这一市场变化，利用它来诱使你以更低的价格把你手中的股票卖给他。

尽管这看起来似乎简单明了，但是我认为，绝大多数时候，买卖股票的人考虑的都只是自己想要做什么，而不是去探究交易另一端那个人真正的潜在动机是什么。

我们用来自于赌博领域的一个类比来进行说明。优秀的扑克玩家不会只看自己手中的牌——他们还会看牌桌上其他玩家都握有什么样的牌。只有最差劲的扑克玩家才会只看自己手中的牌，而这样的玩家通常都会以输光老本而告终，因为他把自己置于了一种非常不利的地位。相反，一名好的扑克玩家即使没有抓到一手最好的牌，也能够赢。通过弄清楚其他玩家手里都握有什么样的牌，他或许能够虚张声势，让别人放弃自己手中的牌，因为他知道尽管他没有握有一手好牌，牌桌上的其他所有人也没有。所以，如果他下了一笔非常大的赌注，他的对手就可能全部弃牌。

21 点纸牌游戏也可以提供一个相似的类比。当你在一张 21 点牌桌上坐下来时，你或许会认为自己只是在与“庄家”对玩，但事实却并非如此。你还需要注意牌桌上其他玩家的行为举止，他们是一个很重要的因素，尤其如果你正在遵循一套严格的玩法，而其他玩家当中却至少有一两位是新手，经常在错误的时机做出错误的行为。

让我来对这个 21 点游戏的例子进行更加详细的说明：我们假设你的策略是，当庄家亮出一张点数低的牌（2～6 点），而你也握有一张点数低的牌时，就不再要牌。这是你的策略，但牌桌上的其他玩家没有自己的策略，即使庄家亮出了一张点数低的牌，他们还是会再要牌。在这种情况下，庄家在正常情况下“爆牌”（即点数超过 21）的概率就会下降，因为其他玩家把庄家“爆牌”的概率性问题抛到了九霄云外，在不该要牌的时候要牌了。这不是随机性的，因为你知道的，一副牌当中的人头牌（10 点以上的牌）数量是有限的。

接下来我们回到投资的问题上。当你买入的时候，如果没有考虑促使卖方卖出的因素，就是在把自己置于一种不利的竞争地位。很明显，你是在其他人卖出股票的时候买入。但是，利用其他人的失误最好的方法是，设法确认何时的卖出是因非理性原因而进行的卖出。

关于了解他人的动机为何如此重要，苹果电脑公司提供了一个完美的例子。2009 年 1 月，苹果的 CEO 乔布斯宣布，由于其健康问题比他最初所想象的“更加复杂”，因此他即将休假一段时间。他向公司员工和股东们表示，他将于当年 6 月份回到公司，但是“休假期间他仍然会参加重大的战略决策”。

然而，一些多疑的投资者认为乔布斯是最好的 CEO，而他们不相信乔布斯会这么快回到公司，因此他们当中数万人都抛售了手中的苹果股票。结果当天乔布斯宣布此事之后几个小时的交易时间内，苹果的市值就损失了 8%。大约 5 个月之后的 6 月底，乔布斯回到了工作岗位——正如他当初所说的一样。

现在我们来看一看该股票出现了什么样的状况。当乔布斯宣布他将休假时，该股的价格下跌到了 80 多美元。一年之后，苹果股份创出了新高，交易价格远超每股 200 美元。如果你是其中一名深谋远虑的投资者，认为乔布斯的确会回到工作岗位，苹果公司不会在乔布斯离开期间跌落悬崖，你就会把乔布斯宣布休假看作是一个买入机会。如果当初买入了该股，你已经让自己的资金上涨超过一倍，已经获得超过150%的惊人回报。这就是为什么思考交易另一方的动机很重要。接下来我们来看一看特定某一只股票非理性运动的另外一种原因。

我们假设某共同基金公司一只大盘成长型基金的经理辞职，另外一位经理接手了目前的投资组合。这位新上任的经理决定不打算花时间哪怕查看一下该组合里都有哪些股票。他对基本面分析显然不感兴趣。相反，他只想通过选择自己的股票来决定自己的成败。有人会认为，他将理性地对该投资组合进行调整，但事实却并非总是如此。许多基金经理只是决定："从我接手这只基金的这一天开始，我就要该投资组合印上我的标签。"我从刚进入这个行业时的第一份工作当中直接学到的就是这一课。

从商学院毕业之后，我在J. R. O. 联合公司（J. R. O. Associates）找了一份工作，该公司是最早的对冲基金公司之一。当时与马克·霍华德一起共事，他是一名了不起的组合投资经理人，是有史以来最优秀的交易者之一，他是J. R. O. 成为20世纪80年代到90年代中期最有名、表现最优异的对冲基金之一的主要原因。J. R. O. 的负责人是约翰·奥本海默和马克·霍华德。我从他们二人那里学到了大量的交易知识和工作经验。同时，也是从他们那里了解到，组合投资经理人经常会通过卖出某个投资组合里的所有证券，来对该组合进行重新洗牌。由于刚刚从商学院毕业，我仍然以一种十分基础的、学术性的方式看待股票市场，因此当时这种行为对我来说十分陌生，而且我确信，这种行为对绝大多数个人投资者来说都十分陌生的。

然而，很多时候，职业投资经理人都只是想要所谓的把所有证券从组合中清除。某一位交易者或许只是因为经历了糟糕的6个月或3个月，所以决定什么也不顾，只想全部卖出。当这种情况发生的时候，你或许会看到某只股票在其公司没有任何新闻的情况下跌4%～5%，此时你会去查看该公司的网站，以及其他一些投资类网站，会想当然地认为该股被如此大幅度地廉价抛售一定是有原因的。

然而，这可能仅仅是因为某一位组合投资经理人单纯地想要出清而已。

还有其他一些关于股票为什么会被非理性卖出的例子。整本书当中，我们都会讨论大量流向基准指数的资金。当例如标准普尔公司决定把某些股票移入或移出标普 500 指数时，接着就会出现一些意想不到的结果。一旦该公司宣布某一只股票，例如诺福克南方铁路公司（Norfolk Southern）即将进入标普 500 指数，复制该指数的指数基金就必须买入一定数量的这只股票。但我们所不知道的是，有多少基金经理在试图复制该指数，以至于由于买入这只股票而创造了人为的买入需求。反之亦然。当某一只股票即将被移出某个指数时，各投资经理人可能会因为同样的原因创造出人为的卖出需求，只不过此时指数跟踪者们是在卖出股票。

我最初的也是最好的一堂课

还有一个故事来自于我初到华尔街时，该故事也说明了在他人卖出时买入为何会如此重要。我在华尔街上的第一天是在 J. R. O. 度过的，当时是 20 世纪 90 年代初，那时和我一起取得同一个学校 MBA 学位的很多朋友都进入了一些大型公司的培训计划，例如高盛集团、摩根斯坦利、基德公司（Kidder Peabody）以及唐纳森－拉夫金－詹雷特公司（Donaldson Lufkin Jenrette）（注意，这些公司有的如今已经不复存在），他们在这些公司中的经历与我在 J. R. O. 的经历大不相同。

例如，在对冲基金公司，我被告知可以穿得随意一些，而更加严格的投资银行则坚持要求着西装、打领带。第一天上班时，我身穿一条牛仔裤，一双休闲鞋，一件领尖钉有纽扣的衬衫。当天上午快过去一半时，公司负责人之一马克·霍华德对我说："卡明斯基，我要你去参加一场路演，去听一听这家公司关于其 IPO 的介绍。"我当时根本不知道路演是什么，也不好意思问。尽管我从商学院中学到了什么是 IPO，但是我完全不清楚这种路演是怎么一回事。

该公司的这次公司介绍会由莱登伯格投资银行公司主持。当我已经准备好前往高档的大都会俱乐部参加这次介绍会，正要走出大门时，一位同事蒂姆拦住了我。他对我说："加里，我希望你能够回家换一套西装。"我立刻便意识到了要随时在办公室内准备一套西装。接下来我回到位于第84街的公寓，匆匆穿上西装，急忙赶到路演现场。这种公司介绍会算是一种技术数据提供会（这是在还没有互联网的时代，当时最流行的程序是莲花123数据库软件、Data－Base数据库管理系统和完美文书处理程序）。

在介绍会上，听着它说明自己打算做什么，我逐渐开始不清楚这家公司的业务目标是什么，也不清楚这家公司是否会盈利。此外，我也不清楚自己要如何回到公司向我的老板说明这一切。看着这家公司的招股说明书，发现该公司自全新业务启动以来已经连续3年亏损，并且分析师们估计，尽管该公司未来3年都将进行业务拓展（这样看来它是一个很好的投资对象，对吗?），但它仍将继续亏损。回到位于列克星敦市第59大街的公司时，我默默地走回自己的办公桌，试图自己躲起来，当时是下午2点。

大约3点45分的时候，马克·霍华德站起来大声对大家说："卡明斯基，你对这次路演有什么看法？你认为我们应该买入那只股票吗?"就在我走向交易大厅的正中央时，我断定自己在几乎不到一天的华尔街生涯就要结束了。霍华德问我对那家公司有什么看法，而我确定自己别无选择，只能实话实说。

我告诉他：第一，我不明白这家公司是做什么的；第二，我不清楚它的商业策略；第三，在我看来，该公司似乎将在未来几年里持续亏损。因此鉴于这几个因素，我建议这是一只我公司甚至根本都不应该考虑买进的股票。忽然之间，我感觉一股热流向我袭来，意识到自己的华尔街生涯很可能不会在这一天就结束。此时此刻，我感觉自己很英勇，有一点点的骄傲，因此我平静地走回自己的办公桌。

霍华德停顿了几分钟，然后对我说道："卡明斯基，你这个白痴，你知道我们是做什么的吗？我们是买入和卖出股票的!"这个故事的重点是强调我当天所上的这堂课，在整整20年的华尔街生涯当中一直将这堂课谨记于心，直到今天仍旧如此。

参加那次 IPO 会议时，我是带着和绝大多数投资者一样的心态去的，当时只想着要买进那只股票。我们到底应不应该买入那只股票呢？我甚至都没有考虑过其他任何选择，因为这对我来说似乎就是非白即黑的决定。但其实毫无疑问，我们还要另外一种选择。

之后我再参加其他公司的介绍会时，从未忘记霍华德当天试图给我上的那堂课，即我们不是一定要买入股票。事实上，我们还可以进行相反的操作，卖空那只股票。如果我们认为那只股票不好，但它却正被大肆炒作，以至于买方将人为地抬高其价值，那么我们就可以通过卖空这只股票来获利。那一天我开始相信，如果投资者能够了解绝大多数人只考虑是否买进某一只股票，从来不会考虑卖出，那么他将占有优势地位。“你知道我们是做什么的吗?”最终结果证明，霍华德的这句话就是决定性的因素。基于该公司前景惨淡，我们决定等该公司一上市就卖空它的股票，因为该股票将被人为地定价到一个不切实际的水平。

我们预计，该公司的股票将被定价到 10 到 12 美元之间，但该公司将继续亏损，继续吞噬股东的权益。我们预计，大约 9 个月之内，这只价格在十几美元的股票将下跌到每股 2～3 美元左右，而最终的结果的确与我们所预测的几乎一样。

在 J. R. O. 联合公司那两年的时间里，我们不断通过发现这样的公司（价值被高估，股票正由于不切实际的预期被人为地抬高的公司），获得了更多的收益。固化思维会使你只关注是否买入某一只股票，并且希望它上涨。**打破常规思维模式才能使你意识到，利用人为的买入和卖出是创造财富的又一种途径。**利用人为的买卖价格是你创造超额收益的一种途径。

当我们进入零增长的未来 10 年时，卖空将是获利的一种重要途径。意识到这一点将会使你占据优势地位，因为市场上绝大多数投资者都错误地认为股票始终会上涨（我们已经在前一章当中证明过这种观点是错误的），也因为投资者持有这样一种根深蒂固的观念，认为在股市获利的方法就是通过做多而获利，或者说在股票上涨时获利。不过，要想通过卖空来获利，你并不一定要买入对冲基金。

如今已经不像1990年，那时（卖空）获利的唯一方式就是卖空特定一些公司的股票或期权，而现在你已经可以用成百上千种方法来卖空带有各种ETF的市场，这些ETF与各个产业、各个行业、各种商品相关。因此，如果有坚定的立场，那么即使是一名散户，你也可以做多或做空某个行业，可以在不必出门的情况下就拥有2倍或3倍的杠杆，还可以拥有一个期货账户，这是一个所有投资者都可以利用的绝佳机会。

在结束关于J.R.O.的讨论之前，请允许我再补充说明一点：在J.R.O.我们的一面展示墙上插有一面漂亮的美国国旗，到访我公司的潜在客户或是一些公司的管理人员都能看见这面旗帜，该旗帜插于接待处，旗帜上印着“在美国投资，要买入看跌期权”（看跌期权指的是允许投资者打赌某只股票或某个指数将会下跌的期权）。你或许会问：“这句话是什么意思？这句话有什么寓意吗?”此时你必须跳出固有的思维模式，避免传统的思维模式。

人们认为“在美国投资”指的就是做多股票：即买入股票并持有一段时间。此外还必须要认识到，尽管买入看跌期权理论上不会创造出任何新的产品和就业机会，但是利用市场价格错估的时候，正是你可以借此在市场上为自己创造超额收益的时候。每当我发现一家公司时，考虑某个有潜力的投资对象时，这一标语——“在美国投资，要买入看跌期权”——都会出现在我的脑海里。总是会考虑：“如果我打算买入这只股票，那么把这只股票卖给我的那个人在想什么呢？如果他打算此时把这只股票卖给我，那么他试图把该股的价值定位在这样一个水平，其合理理由是什么呢?”

在20年的华尔街生涯当中，尽管我无法证明，但是如果有人能够回过头去记录下交易结果，我相信在整个投资生涯中，我们在下行日买入股票所获得的收益，要大于我们在上行日买入股票所获得的收益。你或许会反驳我说，这点显而易见，根本无须你多言。每当你在下行日买入，你都是在一个更加便宜的价格水平上买入。这就像是在股票廉价促销时买入，但是绝大多数人却并不这样想。

当你和一般的投资者讨论时，他会表示自己在上行日买入股票感觉更加安心一些。人们喜欢顺势买入，喜欢在市场上涨时买入。

在股票上涨时进行投资让人在心理上更加容易接受，因为你会认为，作为买方，“我正在做出正确的决定，因为其他人也在和我做出同样的决定。”

成功投资的关键之一是打破这种习惯。要训练你对自己的投资依据或者说投资理念有足够的信心，这样你就会想要利用市场价格错估和市场杂音所创造出的机会。同样，绝大多数人都会表示这点显而易见，根本无需多言。

许多投资经理人建议投资人平均加码摊平价格（即每隔一段时间，例如每月的 1 号，买入同等金额的股票或是共同基金）或是“逢低买入”。在我看来，“逢低买入”是电视上最过度使用的、最愚蠢的说法之一。如果人们真的都在逢低买入，有价证券就不会下跌了，因为此时买方将多于卖方。当道琼斯平均指数某一天之内下跌了 150 个点时，人们不会说：“噢，我打算趁这次下跌买入。”我从来不会忽略这样一个事实：股票无非就是人们在买卖的一张纸。如果成千上万名投资者真的都在下跌时买入，市场就不会继续下跌，而是会几乎立即上涨。尽管这听起来很明显，无需多言，但是仔细想一想，当你打破窠臼，不再像其他所有人一样，你就能够利用这一点。在本书后面的内容当中，我将向你介绍如何训练自己打破常规思维模式，以便可以买入表现将优于市场的股票。此外你还将学会在被卖方影响而不知所措时，仍然坚持买入某一只股票——只要你买入这只股票的根本原因没有发生变化。要将一个好的交易计划付诸行动，最关键的就是摆脱从众心理（正如我们之前所提到过的一样）。要做到这一点，正如你将在本书中所看到的，你需要把所感觉到的与所做的分离开来，也就是说，你需要把自己的想法与行动分离开来。

单向决策投资与双向决策投资

实质上，我是在告诉投资者，至少要在一定程度上成为一名逆向投资者。然而，我一直认为这一称呼并不是十分贴切。是的，你需要在其他所有人卖出时买入。但是，人们过多地使用了“逆向投资者”这一称呼，什么样的交易者都可能被称之为逆向投资者。即使你是一名价值投资者，你也可以在自己买入某一只成长型股票时称自己为逆向投资者。基本上任何人都可以称自己为逆向投资者。因此，我们不打算把自己归类为逆向投资。成功的投资更多的是要建立一套交易行为准则，并且不违背这套准则。

接下来我们来谈一谈买方和卖方，以及我近来所进行的一笔交易。2010 年初，我认为纳斯达克综合指数的上涨不是由基本面因素所引起的，而是由于投资经理人追求相对表现，全部同时买入同一批大型科技股。因此就在此时（新年之后），我决定卖空纳斯达克综合指数。这一决定与基本面因素无关。事实上，我甚至根本不关心收益发布季会发布什么样的收益结果。我当时断定，不管收益如何，卖方都将压倒买方。这一结论基于，我对于是什么促使市场在 2009 年 11 月和 12 月这段时间范围内上涨，有异于常人的看法。

现在回到我所说的那笔交易上：正如我所提及的，我当时决定在整个收益发布季内卖空纳斯达克综合指数。这里的关键是要了解既存在着“单向决策投资”，也存在着“双向决策投资”。在单向决策投资中，你必须执行买入操作，并且期望自己可以长时间持有自己所买入的证券。在双向决策投资中，你必须同时考虑如何执行买入操作和卖出操作。必须确定自己为什么想要买入某一只股票，或者是为什么想要卖空某一只股票；同时，当你做出买入或是卖空决定的时候，还必须确定好自己打算何时卖出，或者是何时回补空头头寸。

如果你正在进行双向决策投资，这表示你并不打算长期持有（3～5 年）某一证券，只是在试图利用某一次市场价格错估。当你买入或是卖空这一证券时，就必须确定好自己的平仓策略。我所提及的那笔交易的关键是，设法进行了一些操作，使得我的行动有别于市场上其他的交易者。

正是在我卖空纳斯达克综合指数的那段时间内，当我出现在 CNBC 的《快速赚钱》栏目当中时，因那笔交易受到了和我一起参加该节目的交易者们的追捧。其中一位专家表示我的这笔交易堪称

"疯狂"。也正是那个时候，我知道自己之前所做的决定是正确的。最终，纳斯达克综合指数于2010年1月份大幅下跌，我获得了一笔可观的收益。

尽管我们将会在本书的第十一章当中讨论如何制定一套严格的卖出准则这一话题，但是我迫切地想要在此对该话题的其中一个方面进行讨论。这里我们以我一直以来最喜欢的一只股票森科能源为例，该股票曾持续跑赢市场。如果你持有这样一只股票，你就会发现，在一段10年的时间内，该股的估值会多次看似已经高到完全应当被卖出了。但是，如果该公司的前景持续看好，该交易的最终价值就会继续上涨。因此，就无法表示："我打算以每股12美元的价格买入该股，然后在它到达18美元时卖出。"因为当它到达18美元时，实际上可能还会价值25美元。

这里的重点在于，当你打算对某一只股票进行双向决策投资时，你必须一开始就清楚地知道自己将何时买入，何时卖出。我们继续以纳斯达克综合指数为例，当时我卖空纳斯达克综合指数，或者我们所说的"Qs"——纳斯达克100指数基金股票代号是QQQQ，是因为我想要卖空该指数。这是因为我认为无论基本面收益如何，由于2009年年底所发生的状况，这些股票都是我认为将首先崩跌的股票。我当时预测这些股票将承受额外的卖压，并不是因为基本面因素（如市盈率），而是因为我知道投资经理们将会打算分批减持这些股票。不过，事情并非完全如我所料。

当我于当年1月初进行卖空的时候，该交易最初与我背道而驰；当月前10天，纳斯达克综合指数持续上涨。但是，由于我已经下定决心要利用一套严格的双向决策投资法，坚守这次头寸，因此没有被最初的上涨所吓倒。随着各大型科技公司开始披露报表（首先是英特尔公司，然后是亚马逊，接下来是IBM等等），纳斯达克综合指数开始反转——它下跌了。我想它当时一度从其近期所到达的52周高点下跌了9%。在收益发布季结束时回补了大型科技股的空头头寸，因为这一直是我计划之中的事情。然而，随着整体市场的下跌，纳斯达克综合指数继续下跌（在我平仓兑现赢利之后），但是由于双向决策投资中的成功是以自律为基础的，因此你必须坚持自己的交易策略。

我向你保证，这种类型的投资行为将会使你在逆向交易时感到更加轻松自信。长期自律，遵守我们所说的行为准则，那么无论你是站在正确的一边还是错误的一边，都将在进行逆向交易时更加自信。当你遵守某一套严格的方法时，将逐步建立起自信，这使你敢于踏入市场，并且在似乎整个世界都反对的时候进行逆向操作。

第 5 章

让变化成为你的指南针（一）：通用电气

韦氏在线词典从两个不同的方面对“变化”进行了定义。作为动词，“变化”被定义为：“使从某种程度上变得不同；使彻底不同；给予不同的位置、路线或是方向。”作为名词，“变化”被定义为：“改变的行为、过程或结果；月亮的每月循环；月亮从一个相位运行到另外一个相位。”

在我看来，变化是一个十分重要的主题，投资者必须让它成为自己的投资行为准则的一个重要部分。这是因为，变化几乎始终是表明投资者是该买入还是卖出一只股票的关键信号。当某一家公司内部发生了某种重大变化时，投资者就需要注意到这一变化，以及分析新的局面可能导致的结果。例如，管理层的变化，一次重大的收购，或是一次重大的战略调整，都属于重大的变化，它们都表明了投资者需要采取某种行动。

当我想到变化的时候，总是会试图回想我曾经读过的最好的书籍之一，本·麦兹里奇写作的《丑陋的美国人》(*Ugly Americans*)，该书正如其副标题所说明的那样，描写的是关于一群“从亚洲市场‘抢劫’了数百万美元的常春藤名牌大学的牛仔们”的真实故事。

在麦兹里奇的这本畅销书中，主人公之一的迪安·卡尼，总结出了八大投资规则，我一直将这些规则谨记于心，以至于我认为应当在此处对其进行介绍。在麦兹里奇的书中发现这些规则总是提醒我，在典型的传统商业书籍的世界之外，还有一个很大的世界。换句话说，你可以从许多地方获得非常好的理念，尽管这些理念乍一看似乎并不明显是一般投资者明智的选择（这里我对迪安·卡尼的其中几条规则进行了释义或简述)。

1. 永远不要介入你无法在收盘时平仓的投资标的。你所进行的每一笔交易，都应该为其寻找平仓点位，并且应该时刻注意平仓点位的出现。(《丑陋的美国人》第68～69页)

2. 永远不要以票面价值买入任何投资标的，因为票面价值是所有市场当中最大的谎言。任何投资标的从来都不会被定价在其真正的价值上。因此，关键是要计算出该投资标的的内在价值，然后以远远低于该内在价值的价格买入该投资标的。(《丑陋的美国人》第88页)

3. 这一分钟，你还双脚着地，正在前行，下一分钟就可能连地面都不存在了，而你也正在坠落。因此，关键是不要着陆，竭尽所能地留在空中。(《丑陋的美国人》第88页)

4. 你带着一颗手榴弹走进一间屋子，最好的结果就是你仍然带着那颗手榴弹走出这间屋子。而最坏的结果就是这颗手榴弹爆炸了，把你炸得血肉横飞。这个故事的寓意是：不要在无利可图时下注。(《丑陋的美国人》第143页)

5. 不要想得太多。如果它看起来是一只鸭子，叫声听起来也是一只鸭子，那么它就是一只鸭子。(《丑陋的美国人》第173页)

6. 恐惧是最大的动力，而发现赢利需要动力。(《丑陋的美国人》第233页)

7. 寻求某个问题的解决方案时，首先应该从该问题本身出发。(《丑陋的美国人》第245页)

8. 结果证明方法是否正确，但真正重要的结果只有一种：即最终带着香槟在沙滩上庆祝。(《丑陋的美国人》第259页)

我们从该书中学到的关于变化的最重要一点就是，变化是好事——它表明你还活着。在日常生活中，我们经常害怕变化——我们害怕变化会对我们的日常生活所造成影响。商界中亦是如此。已出版的关于应对变化的管理类书籍成千上万，但是在华尔街的走廊上却不经常听到有人讨论这个话题。然而，历史已经表明，股票市场上的财富创造是以识别变化、利用变化以及了解变化可能产生的结果为前提的。

变化一直是有史以来最伟大的投资促进因素。如果我们回过头去看一看过去50年许多最伟大的投资就会发现，不管是在生物技术领域、科技领域、金融服务领域，还是零售领域，所有这些投资都有一个共同的特点，那就是企业家们、管理者们或是一些有先见之明的人做了某些与众不同的事情。这些变化性的措施形式多样，规模不一。但是，无论这些变化是以新产品、新工艺的形式出现，还是以产品或服务不变、运输方式发生改变的形式出现，为资产的大幅升值铺平道路的都是这些变化。尽管这一理念看起来似乎很简单，或者说很基础，但是我向你保证，在考虑投资时，许多经理人和交易者都会忽略这一明显的因素，试图把问题过分复杂化。

我将在本章当中介绍评估股票的具体方法，在开始介绍之前，我们有必要重申我在前言结尾部分所阐明的一点：这些选股技巧适用于所有类型的市场。然而，由于我预计未来10年不会出现一轮“逆势上涨的市场”来托起所有的小船，因此学会掌握我在本书后面这些章节中所介绍的理念和技巧对你来说绝对是至关重要的。我相信，正是这一套方法将使得你无论面临什么样的市场环境，都可以获得最佳的成功机会。我将介绍的是一种至关重要的理念，在你阅读和学习本书第二部分接下来的内容时，应当牢记这一理念。当我还在管理资金时，我们一直有一种习惯性的说法，该说法的言外之意是：把哪怕最复杂的观点简化成最简单的共同标准。这种说法并不是用来显示我们的优越感或是侮辱他人，而是用来确保我们没有让事情变得不必要地更加难以理解。这种说法就是“化难为易”。

作为投资者，希望让事情对我们来说尽可能地简单。我11岁的儿子应该没有理由看不懂任何一家公司的企业使命说明书，或是一家公司打算如何使自己在市场上独树一帜。如果它复杂到我的儿子都看不懂，我就认为这是一种信号，它表明你应该远离这家公司，或者说在面对这家公司时要保持头脑清醒。持有这一观点的远不只我一人。众所周知，沃伦·巴菲特只投资他很容易理解的公司和行业，避免投资科技股和任何一种他无法轻松理解的股票。例如，在巴菲特的世界中，保险和家具就比微处理器和 MP3 播放器要容易理解得多。

从何处入手寻找变化

如果你正在考虑进行一笔投资，首先应该做的是上网查阅一下你想投资的公司，找出该公司过去两年的年度报告和 10－K 报表，这两种强制性文件（即所有公开上市交易的公司都被强制发布的文件）可以让你熟悉特定的某一家公司，这样当有重大的变化发生时，你就可以快速地识别出这一变化。接下来请允许我花一点时间来向你说明这两种文件之间的区别。

年报几乎总是一张粉饰的、色彩艳丽的宣传单，它描绘出一家非常融洽、成功、多样化的公司——该公司拥有一个人所能想象的所有美好的东西——满意的董事会成员，甚至更加满意的员工，大型培训项目，慈善活动，“绿色”项目等等。不过，公司也会在年报当中讨论过去一年的发展状况。此外，年度报告当中还包括了公司的首席执行官或是一群高层管理者写给股东的一封信，然后是公司的各种财务报表，其中的内容描述了公司的各个部门，各种业务。

相反，10－K 报表则要提交美国证券交易委员会备案，它通常只是一份财务报告，只是陈述事实，没有其他的粉饰。尽管年报看起来更加具有吸引力，但是如果你要对一家公司进行评估，看一看它是否符合你的投资组合准入标准，就要从 10－K 报表当中才能获得你所需要的真正关键信息（我将在第六章中对投资组合准入标准进行非常详细地讨论）。

接下来我们来看一个年度报告的例子，看一看我们能够从中获取什么样的信息。我们找出通用电气公司 2001 年的年度报告（我们只需要在谷歌上输入“通用电气 2001 年年度报告”就可以找到它）。首先查看的会是该公司董事长“写给持股者的一封信”，即使还没有打开这份报告，我就已经知道，对于股票市场来说，2001 年是艰难的一年。正如我们在第一章当中所看到的一样，标普 500 指数于

2000～2001 年大幅下跌，仅 2001 年就下跌了将近 12%。当然，2001 年还出现了可怕的“9·11”袭击事件，导致道琼斯平均指数出现了史上第二严重的下跌。通用电气是最初的 12 只道琼斯平均指数成分股中仅剩的一只股票（它于 1896 年被查理斯·道选入道琼斯平均指数），被看作是整体股票市场的领导者之一，但是也未能逃过当年严酷的市场环境。

在“写给持股者的一封信”当中，这位新上任的董事长杰夫·伊梅尔特，这位作为杰克·韦尔奇（他被《财富》杂志称为“世纪经理人”）接班人的经理人告诉我们，通用电气的股票“下跌了 16%，下跌幅度略大于标普 500 指数”。

然而，如果用其他两种关键性指标来衡量，通用电气的 2001 年就是非常好的一年。

- **盈利上涨了 11%，上涨到了 141 亿美元。**这是通用电气有史以来最高的盈利。这一盈利大大超过了标普 500 指数成分股的平均盈利——该平均盈利下降了 20%以上。
- **经营产生的现金增加到了 172 亿美元，**与前一年相比出现了两位数的增长（12%）。

这或许会使得投资者询问这样一个显而易见的问题：如果盈利如此强劲，经营产生的现金也十分健康，那么通用电气为什么会没有跑赢市场呢？

伊梅尔特还报告说，尽管当年盈利大幅增加，但是营业收入增加却很弱。然而，我把该公司的表现不佳归咎于另外一个因素，即韦尔奇的退休。许多人都认为，该公司的股价包含了“韦尔奇溢价”的成分，而所有人都知道韦尔奇将于 2001 年退休（他原本打算 2000 年退休，但是后来选择继续留任，以监督通用电气收购霍尼韦尔公司（Honeywell），而最终该收购却遭到了欧洲监管部门的阻碍）。

韦尔奇 1981 年接管通用电气时，该公司的营业收入才不到 270 亿美元，他退休时该公司的营业收入接近 1300 亿美元。同样的，他接管时，该公司的市场价值为 130 亿美元，他退休时该公司的市场价值超过了4500亿美元，成为世界上最具价值的公司。在韦尔奇的管理下，通用电气一直是许多重要领域的佼佼者，这大大增加了它在股票市场上的价值。然而，投资者担心没有韦尔奇，许多管理神话都将消失。事实上，还记得我的一位朋友告诉过我的一件事情。1999年，他在飞机上遇见了通用电气的一位高级管理人员，该管理人员表示，她和公司内许多因通用电气的股票而成为百万富翁的管理人员，都担心韦尔奇的退休会影响他们未来的财务状况。

所以，这里我们就有了一个典型的案例，它表明了管理层的变化被认为是对公司多么不利的因素，而股票价格又会如何反映出这种变化。伊梅尔特2001年9月份接管该公司的时候，其股票价格大约是每股41美元。正如我们稍后将在本章当中所讨论的一样，通用电气的股票自那之后便表现不佳——已经下跌60%以上，并且其表现远不如标普500指数成分股的平均表现。这一事实印证了我的观点，即韦尔奇管理地位的变化被视为对该公司极其不利的变化。公平地说，除了伊梅尔特，还有其他因素导致了通用电气表现不佳，我们将在下一部分考虑这些因素。但是，该公司股票目前的市盈率仅15倍左右——这与韦尔奇管理时高达该市盈率3倍的市盈率形成了对比——韦尔奇的退休极有可能是该公司表现差劲的主要原因之一。

10—K报表

在为一般投资者定义和确定10—K报表的价值时，我们继续以通用电气公司为例。尽管这听起来像是我们所能想象的最严格按照规定来制作的、最不可靠的报表，但是10—K报表中包含了值得投资者注意的重要信息。尽管你或许无法理解该报表中的一些措词和用语，但10—K报表中有两个至关重要的部分是值得每一位投资者注意的。

在试图弄清一家公司内部驱使股价运动的变化时，我们要查看的10—K报表当中最重要的部分是“管理层讨论与分析”

（Management's Discussion and Analysis，通常称为“MDA”，它也出现在公司的年度报告上），在这部分内容当中，管理层通过将当前时期与之前的时期进行对比，详细讨论公司的运营状况。作为一名个人投资者，你可以从 MDA 和“风险因素”部分得知管理团队认为其企业将去向何方，以及与即将实施的商业计划相关的风险和回报。

正如我们将在接下来的例子当中所看到的那样，10－K 报表通常包括了对各种形势更加诚实得多，而且坦率地说，更加悲观得多的看法。正是由于这个原因，该报表对投资者来说至关重要。

我们首先来看一则摘录，该摘录来自于通用电气 2010 年提交的以 2009 年年底为截止日期的 10－K 报表。我们先来看来自于“管理层讨论与分析”的摘录（粗体字表示强调）：

> **项目 7：管理层关于财务状况和经营业绩的讨论与分析。**
>
> **概述我公司 2007～2009 年的盈利状况**
>
> **归公司所有的净盈利 2009 年下降 37%，2008 年下降 22%，**这反映出过去两年充满了挑战性的经济环境，以及对公司各工业企业和金融服务公司造成的影响。**公司的金融服务公司受到了最为显著的影响，因为通用电气金融服务公司创造的归母公司所有的净盈利 2009 年下降了 80%，2008 年下降了 32%。**如果把金融服务公司排除在外，公司所有的净盈利 2009 年下降了 7%，2008 年下降了 13%，这反映出全球经济低迷，市场环境充满了挑战性。我们认为，我们已经开始看到全球经济趋于稳定的迹象。进入 2010 年，公司有了大量的储备订单，已经为 2010 年和 2011 年的全球增长做好了准备。

以上是对该公司的状况十分诚实、透明的描述——也是一种令人感到吃惊的描述。杰克·韦尔奇管理下的 20 年，通用电气几乎每年都会出现盈利增长，其股票收益也远远超过了标普 500 指数成分股的平均收益。此时我们从 10－K 报表当中了解到，通用电气的盈利于 2008 年和 2009 年出现了大幅下降。此外，通用电气金融服务公司——该公司的金融服务机构——的净盈利于2009年下降了80%，2008年下降了32%。公平地说，几乎所有拥有大型金融服务机构的公司在这两年流动性危机中都受到了重创。然而，这里需要你了解的并不是该公司的表现有多差劲（韦尔奇管理下的通用电气公司，其股票2000年的交易价格还高于每股60美元，2009年3月份的交易价格却已经低至每股5.73美元——这是一个18年以来的最低点），而是10－K报表所揭露的信息量比该公司“写给投资者的一封信”大多少。在首席执行官伊梅尔特的那封信当中，投资者所看到的是以下几个部分的内容（这里我将只列出其中几个部分的标题，它们与年度报告当中完全一样。这将使你对年度报告的腔调和目的有一个深入的了解）：

- 创建财务弹性
- 通用电气的革新
- 聚焦于基础设施的精简投资组合
- 投资于利润增长
- 公司领导成长型市场
- 一个有活力的、有责任心的团队
- 盈利、现金和收益的引人注目的增长

尽管伊梅尔特在“给投资者的一封信”的开头把这10年称之为“地狱10年”（引用了《时代周刊》的说法），但是你仍然可以看到他是多么努力地对公司的各个方面作积极正面的解释，包括其损失惨重的金融服务业务。事实上，以下就是他在信中描述通用电气金融服务公司的方式之一：“2008～2009年，通用电气金融服务公司获利110亿美元，并且在这一段时期内，从未出现不盈利的季度。”此外，关于公司的金融服务业务，以及他打算如何使得该业务相较于通用电气的其他业务而言规模缩小，他的表述如下：

> 我们正在把通用电气金融服务公司重新定位成一家规模更小的、更加专注的专业理财公司。我们的竞争优势在于创造附加值以及风险管理。我们将继续在我们所熟知的资产领域和我

们被公认为领导者的市场上扮演重要的融资机构。我们正在为一个更加高度管制的金融服务市场做准备。以这样一种更加专注的姿态，通用电气金融服务公司仍然能够产生可观的回报。

将这封写给投资者的信与10－K报表当中的“管理层讨论与分析”部分进行比较，我们将对这两种报告有着多么巨大的差异有一个清晰的认识。投资者能够从2009年年度报告中了解到通用电气金融业务的盈利状况。但是，该报告是一份长达125页的文件，其中各种财务报表占用了95页。因此，你不得不花费很长时间才能够发现那些揭露了通用电气金融服务公司表现不佳的数据（顺便说一句，这些数据在第36页）。相反，10－K报表则更加直接得多，尽管其标题看起来令人却步，但是如果我们想要了解特定某一家公司的各种真相，10－K报表实际上更加易于浏览。

现在我们来看一看10－K报表中第二重要的部分，“风险因素”部分（该部分在10－K报表中被标为“项目1A”）。这里我仍然只列出该部分中的各个标题，用以说明这两种报告的区别：

- 公司的全球增长受到了经济风险和政治风险的影响。
- 公司受到了可能会发生重大变化的多种法律法规的影响。
- 公司受到了法律诉讼风险和法律合规风险的影响。
- 公司业务是否成功取决于我们是否达成公司的战略收购与部署目标。
- 养老和医疗保健成本的持续增长可能会削弱公司的盈利能力。
- 金融与信贷市场的形势可能会影响通用电气金融服务公司的可用资金和融资成本。
- 金融服务市场的艰难形势已经对通用电气金融服务公司的业务和经营业绩产生了极大的不利影响，并且这样的形势可能还会继续。
- 其他金融机构的健康状况可能会对通用电气金融服务公司产生不利影响。

- 通用电气金融服务公司参与的房地产市场具有很高的不确定性。
- 未能维持公司的信用评级可能会对公司的融资成本和相关的利润率、流动性、竞争地位及资本市场准入产生不利影响。
- 目前的全球经济形势和公司所服务的主要行业也可能会对公司的非金融机构的业务和经营业绩产生极大的不利影响。
- 公司营业收入的持续增长依赖于公司推出的新产品和产品创新的市场接受程度。
- 公司众多的知识产权可能无法阻止竞争者独立开发与公司相似，甚至是完全相同的产品和服务，此外公司可能无法获得某些必要的许可证。
- 原材料的严重短缺，供应商的产能限制、生产中断、质量问题或是价格提升，都有可能增加公司的营业成本，对公司产品的竞争地位产生不利影响。
- 持有公司的普通股存在着风险。

这一风险清单需要包含管理层察觉到的所有可能会对公司及其股票有负面影响的风险。阅读这一报告可以让你察觉到一家公司不确定的未来。事实上，查看这一包含了 15 种潜在风险的清单会导致意想不到的结果，使得潜在的投资者对该公司失去兴趣。在查看了这一令人瞠目的清单之后，谁还会想要持有通用电气的股票呢？然而，不要让你自己因 10－K 报表的风险而不知所措。在这样的动荡时期，某种可持续的竞争优势可能会几乎一夜之间就消失，所有的公司都面临着许多风险。有许多工具都可以帮助你识别变化，以及评估你所持有的投资对象和打算持有的投资对象的健康性。在你的工具箱当中，10－K 报表的风险部分只是众多工具当中的一种。事实上，从数据记录来看，从 2009 年 3 月份出现的低点，到 2010 年 3 月份略高于每股 18 美元的价格（在 2010 年 8 月份下跌至每股 15 美元之前），时间间隔恰好一年，通用电气的股价上涨到了 3 倍。这一上下波动表明，如果你在正确的时机买卖一只股票，面临着许多风险并非自动地使这一只股票成为一个不好的投资对象。

下一章将介绍我所说的“八种主要变化”，以及在构建投资组合建时，这些变化为什么会如此关键。

第 6 章 让变化成为你的指南针（二）：迪斯尼

在第五章当中，我们只关注了两种报告：年度报告和 10－K 报表。尽管这两种报告在帮助你弄清一家公司过去的状况以及未来的去向时至关重要，但是你仍然可以从其他许多地方发现可能会导致你买卖一只股票的变化。在本章当中，我将首先介绍“八种主要变化”。在卡明斯基团队当中，我们用它们来界定真正重要的、将促使我们决定买卖一只股票的变化。这八种变化至关重要，因此我强烈建议你为这八种变化制作一张动态积分卡，然后在你认为某个重大的变化足以消极或是积极到确保你可以采取行动时，这一变化促使你买入了一只股票或是重新考虑了你的头寸时，把这一变化的细节填充到记分卡上。

八种主要变化

在设法识别将导致一家公司被重新估价的各种变化时，你首先应该设法了解该公司的现有业务，以及确定各种类型的变化可能会对该公司造成什么样的影响，不管是从短期来看，还是从长远来看。

第五章当中关于通用电气的例子就说明了我们在对各公司和股票进行评估时，所要考虑的八种主要变化当中的一种，即管理层的变化，或者说董事会的变化。

该变化只是任何时候都可以毫无预警地对一家公司产生影响的八种变化当中的一种。为了随时了解与你所持有的或正在考虑持有的任何一家公司相关的所有关键事件，你必须始终密切注视以下八种主要变化当中的每一种：

1. 管理层变化，或者说董事会变化
2. 公司重组
3. 公司资本结构变化
4. 薪酬结构变化
5. 新产品推出或技术革新
6. 政策性变化或法律法规变化
7. 货币汇率变化
8. 社会变革或文化变迁

这些变化听起来或许令人却步，甚至太过学术性，但是我向你保证，在我们对这些变化进行讨论之后，你将会对每一种变化对一家公司意味着什么有一个更加清晰的认识。在本章当中，我将向你介绍，如果想随时了解你所持有的或是正在考虑持有的任何一家公司的这些变化，应当去何处了解。

幸运的是，存在着这样一家公司，它有着丰富而著名的历史，已经在这样或那样的时间经历过这八种变化当中的每一种，或好或坏。该公司创立于1923年，最初被称为“迪斯尼兄弟动画工作室”，后来更名为“华特迪斯尼工作室”。现在我们将该公司简称为“迪斯尼”或“华特迪斯尼公司”。接下来我们来看一看该公司过去几十年的历史，找出关于这八种主要变化的例子。首先要郑重声明：这绝对不是一本关于迪斯尼的书籍。但是，为了确保对每一种变化的来龙去脉进行足够详细的介绍，我将列举一些关于迪斯尼和其他一些公司的故事和趣闻轶事。因此，有时或许会让人感觉这是一本介绍迪斯尼的书籍，但它并不是。本书是关于变化，以及一家公司是如何以各种形式和面貌应对变化的。

第一种主要变化：管理层或董事会的变化

通用电气是一个典型的关于管理层发生了消极变化的例子。如果某一位投资者于 2000～2001 年持有了这只股票，该变化或许就导致他做出了卖出决定。接下来我们先把这个例子抛之脑后，来看一个关于管理层发生了积极变化的例子——该变化或许导致投资者们做出了相反的决定。

华特·迪斯尼，迪斯尼公司与品牌背后的天才，于 1966 年底去世。这使得迪斯尼将近 20 年处于管理无效的状态。（一位具有超凡魅力的创始人逝世的确会成为卖出某一只股票的一个原因，但是对于迪斯尼来说却并非如此。）接下来我来介绍一些迪斯尼的历史，以便我们更进一步地了解迪斯尼有趣的过去。

1966 年，华特去世之后，他的兄长罗伊开始负责公司的运营，直到他于 1971 年年底去世。然而，他们兄弟二人都犯下了十分常见的错误，即没有培养好接班人。结果，该公司正如罗恩·格罗佛在他的书籍《迪斯尼兴衰秘露》（The Disney Touch）当中所描述的一样，漂泊不定多年。华特设法为该公司的运营所培养的唯一一个继承人就是他的女婿罗恩·米勒。米勒之前是一名专业的足球运动员，并不是运营华特和罗伊建立起来的这家公司的合适人选。他根本没有运营公司的“细胞”和经验。

截止到 1979 年，该公司一直在迅速衰退。其问题在于，不像华特和罗伊在职期间，这期间该公司内部没有一个能够做决策的人。相反，运营迪斯尼的人们是在让华特的鬼魂来进行决策，他们在每一个关键时刻都会问：“如果是华特，他会怎么做呢?”

罗恩·米勒于 1983 年被任命为该公司的首席执行官。然而，连米勒本人都知道他并不是运营该公司的理想人选。于是，他开始吸引迈克尔·艾斯纳入驻迪斯尼。艾斯纳，派拉蒙影业公司（Paramount）的总裁，与巴里·迪勒一起利用《夺宝奇兵》这种轰动一时的影片，将派拉蒙影业变成了一台赚钱机器。然而，艾斯纳并不只是想运营迪斯尼的电影公司，而是想运营整个公司。

截止到 20 世纪 80 年代，迪斯尼是一家在资产上很富有，但在管理才能上很贫穷的公司。20 世纪 80 年代初期，公司的恶意竞争者威胁着公司的生存。众所周知，当时该公司的资产没有发挥好杠杆作用，也没有出现任何有意义的增长。当时，它真正需要的是一个来自外界的经营人才，一个影响力可以超过华特，可以不因该公司的历史而感到压力的人才。

接下来我们继续讨论迪斯尼，但是再次转而讨论一次管理层的变动，该变动标志着该公司历史上又一次重大的变革。弗兰克·威尔斯，被证明是杰出的迈克尔·艾斯纳二号。他在1994年的一次直升机意外事故中不幸去世，这为迪斯尼留下了一个极大的管理缺口。艾斯纳无法独自运营整个公司。他需要有人替代威尔斯，于是他最终决定聘请他的朋友，第一经纪人迈克尔·奥维茨。

当时奥维茨可以说已经是电影界的一个传奇，代理着好莱坞和纽约许多最大牌的明星，其中包括肖恩·康纳利、汤姆·克鲁斯和大卫·莱特曼。在威廉·莫里斯经纪公司（William Morris）和创新艺术家经纪公司（CAA），奥维茨工作在一个没有严格的层级和头衔之分的环境当中——这两家公司的文化与迪斯尼这种公开上市的大公司的文化大相径庭。更为糟糕的是，奥维茨想成为艾斯纳的“搭档”或者说联席首席执行官，而众所周知，艾斯纳从来就不是一个轻易自愿分享权力的人。

奥维茨甚至还没有开始在迪斯尼工作，聘请他就在公司内部掀起了轩然大波。迪斯尼的核心高管们都拒绝向奥维茨汇报——相反，他们继续向艾斯纳汇报。然而，不管公司内部有多少斗争正在进行，公司仍然对外宣称，聘请奥维茨几乎赢得了其他每一个地区的掌声。《洛杉矶时报》就对这一选择赞赏有加，它在当天的头条新闻当中表示：“奥维茨——国际巨头的完美选择”。它把奥维茨称作迪斯尼所需要的“拥有全球关系的执行官”。然而，艾斯纳、奥维茨，以及迪斯尼的几个核心高管们都明白，甚至在该新闻报道发布之前，问题已经开始酝酿。事实上，艾斯纳和奥维茨都表示，他们或许犯下了自己职业生涯当中最严重的错误——即艾斯纳选择了奥维茨，奥维茨接受了迪斯尼的工作。问题从一开始就很清晰：奥维茨在该公司的角色从来没有与艾斯纳的角色真正明确地区分开来。

对于艾斯纳聘请奥维茨，就像迪斯尼聘请艾斯纳一样，我们仍然不评价它是一件好事还是坏事，但是聘请奥维茨绝对是一次大的变化，它足以促使投资者决定买入还是卖出手中所持有的全部或一部分迪斯尼股票（或按兵不动）。而有一位投资者的确依据该报道采取了行动。当时著名的投资银行家赫布·艾伦将自己所持有的迪斯尼股票数量翻倍。他表示，有了奥维茨，该公司将在五年之内变得更加强大得多。然而，虽然有事后诸葛亮之嫌，但是我们知道迪斯尼文化因聘请奥维茨而陷入混乱。最终，迪斯尼向奥维茨支付1.4亿美元，只求能够摆脱他，这使得聘请他成为了美国公司历史上最不明智的用人之举。

接下来我们跳出迪斯尼，来讨论在考虑管理层变化或者说董事会变化的时候，我所注意的其他一些东西。这并不是像火箭科学一样高深莫测的东西。正如我之前所表明的，这些理念不只是适用于横向市场当中的公司；管理层的变化以及本章当中所介绍的其他变化都值得我们注意，并且可能会成为我们在任何一种类型的市场上采取行动的依据。

如果有一位新的首席执行官或首席财务官入驻公司，而此人又是一名真正的赢家，有着运营过一家或多家公司的伟大记录，那么这明显就是一次积极的变化。哪怕接受这份工作的人是退休后再复出，只要他曾经为另外一家公司创造过有机增长或是盈利增长，他就是你想要的人。

对一位新的董事会成员的试金石都是相似的。你不只是在寻找一个能够出席董事会议以及收取支票、获取报酬的人，你所寻找的是一个拥有某一项特殊的专长，能够帮助公司，能够为董事会增加实际价值的人。

此时浮现在我脑海中的两个模范首席执行官的例子是吉姆·基尔兹和米基·德雷克斯勒。前者在退休之后复出，在吉列公司被出售给宝洁公司之前负责吉列公司的运营；后者是有史以来最成功的商人之一，他在加入苹果董事会之前扭转了盖普J. 克鲁公司（The Gap and J. Crew）的局势。他带给苹果公司的是零售经验，这是苹果成长史当中一个主要的成分。

那么与管理层变化相关的危险信号有哪些呢？**如果说存在着绝对的危险信号的话，那就是首席财务官的离职**——我初入交易事业时就见过一次这样的信号。这并不一定表示你应当立即卖出该公司的股票。但是，你正持有其股票或是正在考虑买入其股票的一家公司的首席财务官离职，通常都应当为你敲响警钟。首席财务官是负责数据汇总的人。除了首席执行官之外，一家公司里再没有比首席财务官更加关键的职位。当一家公司的首席财务官离职时，我们要弄清楚他是如何离职的。如果他的离职已经经过讨论，并且提前详细通报给了公众，那么这就与突然由于“个人原因”或是“为了更多地与家人团聚”而离职的首席财务官不同。一般来说，如果该首席财务官打算退休或是另谋高就，董事会成员都会愿意让公众知道这件事情，以避免公众认为是公司内部存在着会计、收入确认或是营业额产生方面的分歧。

第二种主要变化：公司重组

一家公司的重组可以成为该公司的重要转折点，而正如我们所看到的管理层变化一样，它可能是一种积极的变化，也可能是一种消极的变化，具体依据该变化所涉及的人员和当时的情况而定。

迈克尔·艾斯纳入驻迪斯尼之前，该公司的第二大电影发行品牌，试金石影片公司（Touchstone Pictures），最初由一个 27 岁的、没有影业经验的人运营。到 1984 年，华特·迪斯尼的电影经营陷入困境。当时其竞争对手推出了像《星球大战》《比弗利山庄》以及《小魔怪》这种轰动一时的影片，而迪斯尼推出的却是像《故乡》《宝贝儿》《狼女传奇》以及《穿梭三千年》这种票房可怜的影片，唯一成功的是《美人鱼》。一入驻迪斯尼，艾斯纳和他的团队就预计，在他们入驻之前上映的这五部影片的损失将远超 1 亿美元。

一入驻迪斯尼，迈克尔·艾斯纳就对该公司进行了重组，以便自己能够直接控制该公司的电影制作公司。这是一个至关重要的决定，因为该公司当时正在因为其电影在票房上的差劲表现而遭受巨额损失。艾斯纳最先做的其中一件事就是砍掉大量的剧本。根据在派拉蒙影业多年的经验，艾斯纳知道如何制作赚钱的电影，他下定决心要从头到脚彻底地改造该公司的电影运作。

艾斯纳有着一套多层次的策略。首先，他将制作派拉蒙影业愿意制作的电影类型，其中包括限制级影片。艾斯纳接管迪斯尼之前，迪斯尼内部没有一个人敢制作这样的影片。第二步，他将使得那些已经淡出聚光灯下的明星们（例如尼克·诺尔蒂、贝特·米德勒以及理查德·德雷福斯）的职业生涯重新焕发光彩。这样，迪斯尼支付给演员的报酬将可以远远低于其他电影制作公司。

艾斯纳的策略全部都获得了极大的回报。艾斯纳时代的第一部电影是《乞丐皇帝》(Down and Out in Beverly Hills)，由前面所提到的诺尔蒂、米德勒和德雷福斯领衔主演。首映那一周，其票房同时超过了《紫颜色》和《走出非洲》。该电影最终斩获了 6200 万美元，帮助艾斯纳赢得了华尔街对他的信心。艾斯纳被聘请时，在他接管公司的威胁之下，迪斯尼股票的交易价格略低于每股 60 美元。截止到 1985 年初，该股票的价格已经上涨到了每股 80 美元以上。1986 年 2 月份，董事会投票决定将公司的股票按 4∶1 的比例进行拆分。

该公司重组所产生的其中一个结果是，艾斯纳可以选取人物角色和电影主题，把它们用在公司的主题公园内，以及把它们做成玩具和人形公仔，在公司的各个商店里售卖。在艾斯纳和威尔斯的运作之下，该公司的资产许可（专利??）和异花受精（互惠；交叉渗透??）变成了一种伟大而成功的策略，该公司实现了其他公司所提到过但却从未实现过的真正的协同作用。与在他之前的各位管理人相比，艾斯纳能够更大程度地让该公司的资产发挥其杠杆作用以及出现增长。

※　※　※　※

接下来我们再次跳出迪斯尼，来谈一谈当考虑公司重组时，更多我们应当注意的通用指南。从一个更为普遍的基础来看，许多事情都可以被认为是公司重组，但是当你在进行自己的尽职调查时，你希望发现的是一些与常规角度不同的东西。

例如，我们假设一家公司宣布它将对其生产制造业务进行大规模的重组。更具体地说，该公司宣布它将把大量的生产制造业务外包给其他公司，因为这样它将能够节约大量的资金，以及增加盈利。尽管这次重组可能会导致美国成千上万人失业，但是目前的制造业务外包一年之后可能会创造出更大得多的盈利，以及使得该公司更大幅度地控制其成本，因为这样它就不用再面临各种高额的费用，例如固定的日常管理费、支付给员工的费用，以及建造更多工厂的费用，等等。这是一种需要我们进一步观察的情形，不过它也可以被看作一种积极的变化。

接下来我们继续讨论公司重组这一话题，我们也可以把上述情形当作与公司重组相关的消极变化的例子。我们假设一家公司决定将大量生产转移到海外。从长期来看，其中一个结果可能会是，该公司由于不控制自己的生产设备，因此没有能力扩大某种热门新产品的产量。会出现短期的需求激增的周期性行业尤其容易出现这样的状况。这很容易就会导致一家公司在最不适当的时候出现产品短缺。由于该公司不控制自己的生产制造，而是依赖于第三方供应商，因此它可能会由于不能控制其生产过程而错过某些销售机会。因此，你可以以一种积极的方式，也可以以一种消极的方式来看待公司把自己的生产制造外包给其他公司这一做法。

第三种主要变化：公司资本结构的变化

在我目前所介绍的几种变化当中，这第三种变化听起来或许是最难了解清楚的。然而，它只是听起来复杂，实际上却并非如此。资本结构简单来说就是一家公司以什么样的方式进行融资。你需要知道的是，资本结构的变化与一家公司维持其资产负债表的方式有着密切的关系，因为资产负债表列出了公司所有的资产和负债。我们可以考察整家公司、一家公司的某个部门或是一家公司所承担的某个项目的资本结构。

现在我们回到迪斯尼身上，来看一看与特定的某一个部门和某一个项目相关的资本结构的变化。

关于这种类型的资本结构的变化，有一个极好的例子，它发生在迪斯尼讨论创建欧洲迪斯尼的时候。修建欧洲迪斯尼公园预计花费 20 亿美元。

1989 年 10 月，迪斯尼极其成功地向公众发行了 10 亿美元的股票，发行价为每股 13 美元。对于迪斯尼来说，这最终成为一笔令人难以置信的交易：在提供的自有资金不到 2 亿美元的情况下，该公司持有了一家价值 30 亿美元的企业将近一半的股份（法国的法律不允许外国公司持有法国公司 50%以上的股份）。

迪斯尼为其新的欧洲主题公园筹措资金的方式赢得了投资者们的一片掌声。由于围绕着迪斯尼的这次交易和新的主题公园的一系列正面报道，迪斯尼在美国境内的股票上涨了 6 个点。很明显，这是一个投资者一开始就参与进来的案例，他们通过多头买进迪斯尼的股票，毫不吝啬地表达了他们对该公司的赞赏。绝大部分的资本结构变化不会像迪斯尼的这次变化一样大幅度地推动其股票运动。

※　※　※　※

此时我们已经介绍过迪斯尼的资本结构变化，接下来我们再次对其他一些情形展开讨论，以便你可以更加清楚地了解资本结构的变化可能会影响一只股票的运动。

以下观点十分明确。无论什么时候，只要一家公司有能力利用资本市场来使其资产负债表变得更加合理，这就是一种积极的变化。但是，在决定买入或是卖出这只股票之前，我们还需要更进一步的分析。

资本市场准入就意味着一家公司能够出售债券或票据，能够进入机构市场，以及以相对较低的利率筹集资金。此外，一家公司也可以选择出售股权或增发新股，但增发新股很有可能会稀释每股收益。2008 年和 2009 年的流动性危机期间，绝大部分公司都很难进入这类市场筹集资金。尽管随后几年的形势得到了很大程度地缓和，但是仍然有许多公司难以进入资本市场。因此这里我们很容易就能明白：那些信誉最好的公司——即最有能力快速筹集到资金，进行债务重组的公司——就会是从资本结构的角度来看最具吸引力的公司。那些无法进入资本市场的公司，当债务到期时，他们将别无选择，只能出售资产，以确保债务不逾期。在某些情况下，这一类公司还将不得不出售它们的一些顶尖业务，以便维持其业务运转——这是即将出现危机的一个征兆。

第四种主要变化：薪酬结构的变化

关于薪酬结构的变化如何能让一家公司发生翻天覆地的变化，迪斯尼再次提供了一个很好的例子。当华特的女婿成为首席执行官时，他的薪酬十分微不足道：年薪不到 40 万美元，几乎没有机会拿到奖金，并且只有少量的优先认股权。然而，薪酬并不是真正的问题，真正的问题在于，当公司取得了巨大的成功时，其薪酬体系却缺乏激励性。这只是又一项证据，证明当时的迪斯尼已经成为一个一流的娱乐集团，但它却没有被当成这样一个集团来运营。当时对迪斯尼股票进行过评估的人，应当会在查看过该公司首席执行官那暗淡无关的薪酬方案之后问道："如果首席执行官的薪酬都可怜到无法激励他促使公司成长，那么我为什么要把自己的血汗钱押在迪斯尼身上呢?"

在聘请外部人才的过程当中，迪斯尼董事会意识到，如果想要引进有能力扭转公司命运的高素质管理人才，它就必须在薪酬体系方面更加慷慨得多。毕竟迈克尔·艾斯纳 1983 年的年薪就已经超过 200 万美元。

艾斯纳和威尔斯都愿意在薪酬很少的情况下就职于迪斯尼，但前提是迪斯尼提供有吸引力的股票期权计划。弗兰克·威尔斯甚至对即将离职的首席执行官表示，如果迪斯尼提供慷慨的股票期权计划，他甚至愿意接受 10 万美元的年薪。

最终，艾斯纳和威尔斯均接受了不算太高的年薪（分别为 75 万美元和 40 万美元），而使得这次交易十分引人注目的是他们所获得的股票期权和特别红利。他们获得了惊人数量的股票期权——艾斯纳 50 万股，威尔斯 45 万股。此外，如果能够促使公司以比之前更高的速率增长，他们还可以获得公司一定比例的净收益。在那之前的五年里，迪斯尼平均每年的增长率为 9%。此后只要公司的增长率超过这一百分比，艾斯纳就可以获得超出部分的净收益的 2%，威尔斯获得 1%。

再一次地，我不想对这些看似慷慨的薪酬计划进行评判，因为我们可以从两个方面来对它们进行评价。以首席执行官的工资标准来看，上面所提到的工资的确很低。但是，该薪酬计划当中的其他部分却慷慨得令人难以置信——不过其前提是他们二人能够促使公司成长。有投资者或许会认为，对于投资者来说，该计划非常好，因为艾斯纳和威尔斯只有在非常成功的情况下才能挣到大钱。另外一些投资者或许又会认为，该计划中的股票期权和其他方面实在太过慷慨。这里我想要表达的是，像这样的新的薪酬计划代表的是一种巨大的变化，它足以促使投资者考虑买进或是卖出迪斯尼的股票。

※　※　※　※

当考虑你正在跟踪的一家公司的薪酬体系的变化时，要如何知道自己应当注意哪些方面呢？我们用一个极端的例子来说明某些薪酬结构会如何影响一家公司。我们假设一家公司决定让所有的员工以限制性股票的形式领取 50%的薪酬。最初这可能会被认为是一种积极的政策，因为这样员工们将更加努力地与股东站在同一战线，他们将会每天都去上班，做那些会帮助公司股票上涨的事情。但是反过来，正如我们看到的发生在安然公司、雷曼兄弟公司和贝尔斯登公司身上的情况一样，关于利用薪酬结构迫使内部持股率保持在一个高水平这一政策，实施这一政策以及该政策本身都不一定是一件好事。

在考虑一家公司的薪酬结构时，我所寻求的是创造了员工被激励着帮助公司成长和员工与普通股股东站在同一战线这两者之间的共生平衡的东西。然而，当一家公司采取措施激励员工促使股票上涨时，存在着巨大的风险，因为他们将做出只顾短期利益的决定，季度性地抬高股票价格。

2008 年金融危机之后，2010 年正在华盛顿被讨论的金融监管改革当中，许多都在朝着正确的方向发展——它们将使得企业的激励政策不会促使员工们只顾眼前利益，推动股票运动，而是促使员工们着眼于公司的长远利益。对于任何一种只着眼于短期表现的激励政策，我们都必须持有合理的怀疑态度。如果你正在跟踪的一家公司以这样的短期利益为导向，那么你就要十分当心了，要继续对这家公司的其他所有方面进行尽职调查。立法者们正着眼于制定将使得他们从华尔街上那些只顾从股票上榨取眼前利益的高管们手中夺回资金的法律法规。这被称作“利益追回”条款，它在确保高级管理者们不会只关注短期利益方面有重大意义。这里的结论是：投资于那些薪酬体系符合长远思考和决策的公司要好得多。

第五种主要变化：新产品推出或技术革新

关于新产品的推出或是某种革新促使一家公司发生了变化，我们再次利用迪斯尼为我们提供典型的案例。

这一次我们把时钟拨回到1985年，当时迪斯尼的高管们与米高梅电影制片公司（MGM）达成了一份协议，获权把米高梅公司的电影运用到迪斯尼新的主题公园当中，该公园最终被称为迪斯尼米高梅影城。对于迪斯尼来说，最令人满意的部分是，它通过争论与米高梅所达成的那部分协议。迪斯尼与米高梅签订了一份20年的协议，该协议使得迪斯尼有权在支付微薄的报酬的情况下使用米高梅制作的成百上千部电影。迪斯尼估计，单是这一影城的游客门票就将每年为迪斯尼带来1亿美元的收入，这还不包括在影城内售卖食物、饮料和其他商品所获得的收入。此外，在不用另外支付费用的情况下，迪斯尼还能够在其广告、文具用品和宣传海报上使用米高梅的名称和商标（雄狮利奥）。毫无疑问，迪斯尼因此而欣喜若狂。当米高梅的老板柯克·科克莱恩发现公司甚至已经出让了米高梅的商标使用权，他大发雷霆，并且设法取消协议。然而，迪斯尼不可能对此作出让步。

华尔街非常喜欢这份协议。在该主题公园开放之前，迪斯尼股票的交易价格大约是每股85美元。之后一个月之内，迪斯尼股票的价格已经在100美元大关附近徘徊。很明显，这就是一个一种新的产品促使一家公司的金库变得更加富有的例子——尽管这一新的产品规模宏大。这里我们再次见到了强烈到足以驱使股价运动的变化，以及精明到足以提前判断出有吸引力的新鲜事物会产生什么影响的投资者——他们能够利用自己的直觉。

※　※　※　※

接下来，我们再次扩大讨论的范围，来谈一谈在考虑你或许正在跟踪的一家公司的新产品推出和技术革新时，应当注意些什么。这第五种变化或许是所有主要变化当中最容易识别的一种变化。

无论什么时候，当一家公司推出一种值得注意的新产品时，大概都不必去财经版了解该产品的信息，因为该公司将会投入大量的资金，用以支持其最新的创新产品的发布，关于该产品发布的新闻报道不会仅限于财经版面。

此时我所想到的一个最明显的例子就是苹果公司。无论它何时推出新产品——从 iPod 音乐播放器到 iPhone 手机，再到 iPad 平板电脑——华尔街都在关注着。由于没有一家公司比苹果公司更加善于进行产品发布，因此苹果公司的股票价格从 4 年前（即 2006 年）的每股 75 美元，上涨到 2010 年第二季度的 275 美元，也就不足为奇了。这是一轮令人难以置信的上涨，它与该公司在这段时间内所发布的各种创新产品有着密切的关系。

接下来我们再举一个例子，该例子并不是关于新产品本身，而是关于一种新的服务交付体系——eBay。我有一位朋友，她一直很喜欢 eBay 这家公司，因为她一直在该网站上买卖东西。她绝对称得上是这项新技术最初的采用者，于是她在 eBay 公司 1998 年上市那一天买入了该公司的股票。大约不过几周的时间，该股上涨了数倍。她的方法正是彼得·林奇所推崇的买股方法。彼得在他的《决胜华尔街》（*One Up on Wall Street*）一书当中主张股票买家应当像消费者一样思考：在你看来，这种新的产品或是技术在那个特定价位上合理吗？在评估新的产品、技术或是服务时，要尝试着不要把事情过于复杂化。

相反，当发现一种新的产品或改革实际上可能会对一家公司不利时，我们应当怎么做呢？如果一家公司推出的一种新产品会减少其核心收入来源，该公司会怎么样呢？此时闪现在我脑海中的一家公司是星巴克。

几年以前，星巴克试图通过同时提供早餐和午餐来使其产品组合多样化。在售卖这些新产品的过程当中，该公司把重心从其 4 美元的拿铁咖啡和卡布奇诺咖啡上转移，试图把早餐塞给其现有客户。无论什么时候，一家公司为了支持一种或多种辅助产品而将视线从其核心产品上移开，都是在冒险削弱自己的竞争地位。星巴克售卖热乎的三明治早餐，就是在削弱自己的竞争地位。根据媒体的报道，星巴克的鸡蛋、奶酪和培根里都掺杂了店里咖啡的浓郁香味。就在此时，该公司决定抛弃热乎的三明治，重新把精力集中到其关键的、核心的产品上。

第六种主要变化：政策性变化或法律法规变化

这最后的三种主要变化就是我所说的“宏观”变化。这些变化不是发生在公司的内部，而是公司的外部。我们首先来看一看对迪斯尼产生了很大影响的一次重大的法律法规变化。

1970 年，美国联邦通信委员会（FCC）制定了一套新的规定，该规定被称作《财政收益与辛迪加规则》（Financial Interest and Syndication Rules，fin－syn）。联邦通信委员会制定这些规定是为了阻止当时的三大电视网的进一步垄断。该规定禁止它们拥有任何在它们自己的电视网上播放的黄金时段节目。

然而，在接下来的几十年当中，电视界的版图发生了巨大的变化。福克斯广播公司（Fox）成为美国第四大电视网，是其他三大电视网的强劲对手。在随后的几年当中，哥伦比亚及华纳兄弟联合电视网（Cable）也快速成长。由于这些巨大的变化，三大电视网的力量被削弱，这导致联邦通信委员会废除了 1993 年制定的《财政收益与辛迪加规则》。这一重大的法律法规变化为迪斯尼扫清了道路，使它在联邦通信委员会废除该法规 3 年之后成功收购了美国广播公司（ABC）。

再一次地，我们并没有评判《财政收益与辛迪加规则》的废除是好是坏。但是，当该法规被废除时，未来的许多事情就已经注定了。此时像迪斯尼这样的公司可以自由地收购三大电视网之一了。（如今，四大电视网全部都拥有一家附属的辛迪加公司。）而这对迪斯尼这样的股票来说意味着什么，就是投资者和潜在的投资者必须自己判断的问题了。

※　※　※　※

在考虑政策性变化或者说法律法规变化时，除了迪斯尼所发生的这种变化，你还应当注意其他哪些类型的变化？

接下来我们再举一个例子，用以说明政策性变化或者说法律法规变化可以如何影响不只是一家公司，而是整个行业部门。2010 年 4 月，高盛集团因次级信贷交易问题被美国证券交易委员会控告民事欺诈。这是一个关于不只影响了高盛集团（其股票一度从其当天的最高价下跌了 30 个点，下跌幅度超过了 15%），还影响了整个金融部门及整个股票市场的政策性变化的典型案例。

两周以后，高盛集团的领导者们被拖到华盛顿，在国会面前作证，整个股票市场再次受到影响。随着证词在电视上的直播——证词使得高盛集团看起来至少缺乏职业道德——以及希腊信用评级下降问题的出现，股票市场一天之内下跌了 200 多个点。讽刺的是，当天其他所有主要的金融股都下跌了 5%左右，而高盛集团的股票却出现了上涨。这里我们再次看到了一次诉讼就可以对整个行业部门和整个股票市场产生什么样的影响。

第七种主要变化：货币汇率变化

关于货币价值的变化会如何影响一家公司的业务，迪斯尼再次提供了一个很好的例子。

当美元兑欧元和亚洲货币弱势时，就很可能会有更多的欧洲和亚洲游客到美国旅行，以及游览迪斯尼位于佛罗里达和加利福尼亚的各个主题公园。这显然是因为，对于那些持有更加强势的货币的游客们来说，此时到美国旅行的花费以及各主题公园的门票——就大多数人的标准来看，这些费用都是十分高昂的——都变得便宜得多。

毫无疑问，由于2008年和2009年的流动性危机，迪斯尼主题公园的收入受到了影响。不过，主题公园的游客数量却时有增加。例如，2009年第二季度，当时正处于大萧条时期，迪斯尼乐园的游客数量却出现了两位数的增长。当时的收入下降是由于一些迪斯尼酒店提供了更低的入住价格，以及公司为了吸引游客到主题公园而采用的其他许多促销手段。更低的价格抵消了更大的游客数量所带来的收入，导致主题公园的总体收入下降（尽管有时游客数量有所增长）。我们再来看一看经济走强时会发生什么，这将会是一件很有趣的事情：2010年初，欧元兑美元下跌，那么经济走强时欧元会反弹吗？如果反弹，会对美国主题公园的游客数量产生什么样的影响呢？我们会看到大批欧洲游客涌入迪斯尼公园吗？还是说欧元反弹并不会产生什么影响？这里我们仍然只是提供了一个案例，用以说明货币汇率的变化会对一家拥有外汇风险敞口的企业产生什么样的影响。在每一个案例中，投资者都必须确定这些变化是否重大到足以使自己改变对特定某一家公司或某一只股票的看法。

※　※　※　※

在考虑货币汇率变化时，投资者还应当注意哪些情况？

我们还应当注意的关键问题之一是那些在美国境外有业务的公司。由于我们只有一个全球市场，因此绝大部分的财富500强企业都有一些海外业务。在这个例子当中，我们要讨论的是那些在美国境外有大量业务的公司。

当这些全球化的公司在国际上产生收入时，它们必须把这些收入转化成美元。此时投资者们就非常需要注意汇率的波动。这是因为，或许该收入在海外是盈利的，但是当我们把汇率考虑进去时，它实际上却可能是非盈利的。更具体地说，我们假设一家公司有30%的收入来源于欧洲。如果欧元兑美元十分弱势，这些海外收入在被输送回国后可能就没有利润了。

显然，这是一种有利也有弊的情况。我们可以简单地把上述例子颠倒过来。如果欧元兑美元十分强势，那么当我们把汇率考虑进去时，这些海外业务收入在被换算成美元时，实际上可能会有更大得多的利润。这就是为什么投资者应当注意美元的强弱，以便能够察觉到这样的情形。

第八种主要变化：社会变革或文化变迁

在讨论这第八种，也是最后一种主要变化时，我们回到 20 世纪 70 年代末和 80 年代初的迪斯尼，来看一看一次社会变革或文化变迁如何能够对一家公司产生深刻的影响。

正如本章前面的内容当中所提到的一样，迈克尔·艾斯纳入驻迪斯尼之前，该公司的电影部门已经经历了十分糟糕的几年。艾斯纳入驻之前十年，迪斯尼电影部门的收益已经连续几年减少——尽管这些年份当中，电影票价一直在急剧上涨。例如，1982 年，该公司的电影收入已经从 1976 年的 5400 万美元下降到了不到 2000 万美元，而这主要是由于迪斯尼之前几年所制作的经典动画。迪斯尼作家罗恩·格罗佛对此进行了恰到好处地总结，他写道：“‘迪斯尼’与好莱坞的史蒂文·斯皮尔伯格和伊凡·雷特曼几乎没有关系，与约翰·休斯和约翰·埃维森这样的人物更没有关系。像艾迪·墨菲和西尔维斯特·史泰龙这样的票房明星是不会在糊涂蛋大街上献丑的。”

该问题的核心在于：美国的电影爱好者们的品味多年以来一直在发生改变，而迪斯尼却要么没有意识到这一点，要么只是没有能力随之改变。迪斯尼董事会成员和高层管理人员当中，没有一个人有胆量通过制作限制级影片来使公司发生变革。

总的来说，1982 年是电影界不俗的一年，但对迪斯尼来说却并非如此。《失踪》《甘地传》《ET 外星人》《大审判》和《窈窕淑男》这样的影片在引爆票房的同时，还获得了最佳影片提名，而迪斯尼却对于如何将影迷们从这些极其轰动的影片上吸引过来无计可施。

这是一个社会变迁有能力让迪斯尼这样一家公司表现不佳的典型案例。艾斯纳和威尔斯接管迪斯尼之前，该公司的收益在3/4的年份里都在下降，其原因之一就是该公司电影部门的表现不佳，详见表6—1所示。

表 6—1　迪斯尼收益（百万美元）

1980 年	135
1981 年	121
1982 年	100
1983 年	93
1984 年	98

1984 年，情况略微好转，其部分原因是《美人鱼》这部影片。对于迪斯尼来说，它是一部令人意外的轰动一时的大片，为迪斯尼带来了 6900 万美元的收入，创下了该公司当时的票房纪录。然而，这只是公司管理层偶然发现的一部电影。迪斯尼董事会成员对该电影中少量的裸露镜头感到紧张不安，不愿意在之后的电影当中重复这样的事情。这就是只有外部管理团队才有能力让该公司实现令人信服的转变的原因之一。

※　※　※　※

接下来我们最后一次扩大对这一主要变化的讨论。在考虑社会变革或文化变迁时，投资者还应当注意些什么呢？关于这一领域，有大量的例子可以帮助投资者思考这一至关重要的主题。

一次显著的社会变革就是电子商务。在互联网时代到来之后的几年里，至少有一代人对网上交易业务感到十分不安。这就是一次社会变革。

例如，很长一段时间内，我的父母一直对在互联网上分享自己的信用卡信息感到不安。人们普遍存在着这样的想法，即在购物时你必须接触感受到某种东西，必须面对面地购买。然而，有了亚马逊这样的公司以及它们的安全网站，人们战胜了在互联网上购物的恐惧。事实上，在进行进一步的调查研究时，有研究表明，许多人并不喜欢在商店里与售货员交谈或是有售货员跟在身后。许多人实际上很享受网上购物的经历。此时人们拥有更多的隐私权；在互联网上，人们可以更加容易地进行价格对比，并且可以一直舒服地呆在自己的家里。之后出现了互联网泡沫，鉴于这一特殊的变化，我们可以辨别出哪些公司将成为幸存者并进一步发展（例如亚马逊、谷歌和 priceline 旅游服务网），哪些公司又将被淘汰（例如 eToys 电子玩具公司）。

这一主要变化十分重要，因此我们再举一个例子对其进行说明。我们来看一看与移动电话相关的社会变革。当移动电话刚刚出现的时候，存在着一种与该行业相关的社会恐惧，因为许多人认为电话通话必须私下进行。10 年以前，没有人想过人们会坐在自己家里，用移动电话而不是固定电话进行通话。这代表了一次影响了一个庞大产业的重大社会变革。当时，我的 3 个孩子从来不会坐在家里用固定电话通话，而是只用自己的移动电话进行通话。

这一关于移动电话的讨论引出了这样一个问题：既然移动电话的使用量急剧增加，那么威瑞森和美国电报电话公司这种公司的股票为什么还会一直表现得非常糟糕呢？其中一个原因与维持其传统的固定电话业务需要大量的资金有关。这种情况出现在无线电市场正在经历令人难以置信的增长时。这两家公司都拥有已经过时的业务，这些业务正在失去活力，正在吞噬着公司的利润。此外，这两家公司还深陷于为夺取市场份额的商战之中，这进一步侵蚀了它们的利润空间（因为广告费用和创建蜂窝网络所需要的资金量实在太大）。威瑞森股票的表现如图 6—1 所示。

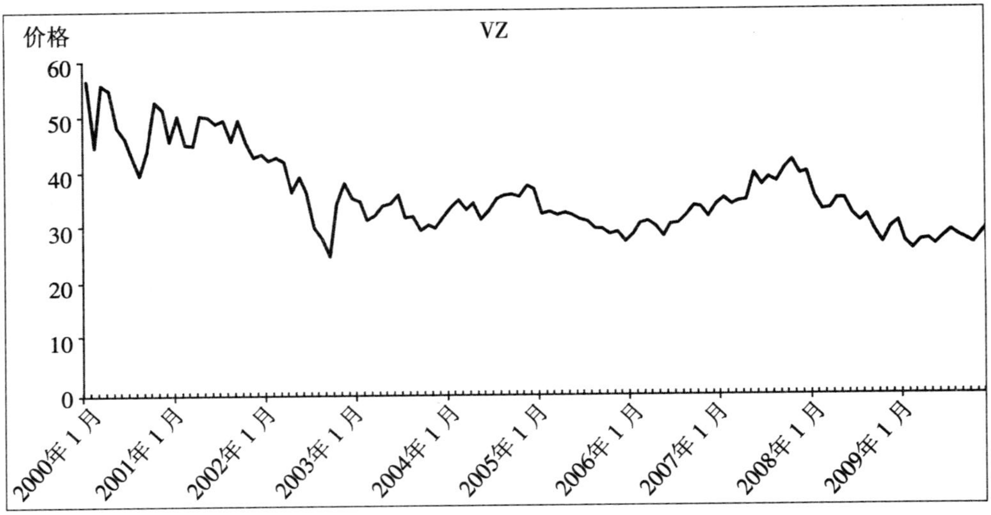

图 6—1 威瑞森 10 年股价走势图

同时，美国电报电话公司也经历了一个令绝大多数投资者失望的艰难的 10 年，参见图 6—2 所示。

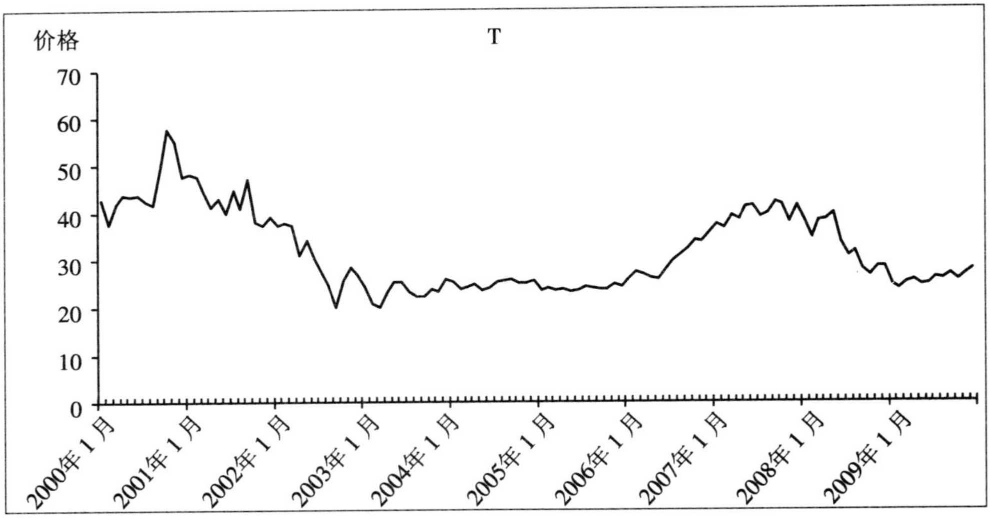

图 6—2 美国电报电话公司 10 年股价走势图

威瑞森和美国电报电话公司表现不佳并不意味着我们就不能从这种惊人的社会变革中获利。有一种操作，我们称之为“衍生性操作”，简单来说就是投资于另外一家将从这种变化中获利的公司，而不是单纯直接地投资于威瑞森和美国电报电话公司（你可以更多地把它看成一种间接性操作）。

因移动电话的繁荣而获益的股票当中，我最喜欢的一只是美国电塔公司的股票（股票代码 AMT）。美国电塔一直是无线电繁荣的巨大受益者，因为它的业务是建造移动电话发射塔，以及其他一些通讯广播发射塔。从威瑞森和美国电报电话公司的商战中获益的就是美国电塔，因为它为威瑞森和美国电报电话公司所生成的业务建造基础设施。这有几分像剃须刀刀片的例子。美国电塔从所有当时打算使用无线电话的人那里获得了源源不断的收入。这就是为什么它的股票从 2002 年 10 月份的大约每股 1.51 美元上涨到了 2008 年的顶部 45 美元。

我希望这些例子能够帮助你察觉那些最有可能对你正持有其股票或正在跟踪的公司产生影响的社会变革。这里的关键是，要赶在其他人之前察觉这样的变革，这样你至少也有可能在其他投资者察觉并依据这些变革采取行动之前就获利。

※　　※　　※　　※

总之，投资者必须设法识别那些将促使一家公司被重新估价或是产生更高的每股收益的变化，然后开始设法了解该公司有哪些现存业务，以及确定各种变化将对该公司产生什么样的影响，参见图 6—3所示。如果该公司的产品或服务交付方式已经变得更有效率，那么这一变化会带来更高的收入或盈利吗？因为交付方式的改善可能会创造出更高的利润，更高的客户保留率，或是持续可观的收入。如果不能，那么这些变化会损害你正在跟踪的那家公司吗？

一旦这些问题得到回答，你就可以继续进行更多的尽职调查，然后在某一时刻确定应当买入、卖出还是继续持有某一只股票。不过，本章当中的内容没有绝对的黑与白。绝大多数时候，投资者都只能看到一个灰色的世界，但是你仍然必须设法确定某一特定的变

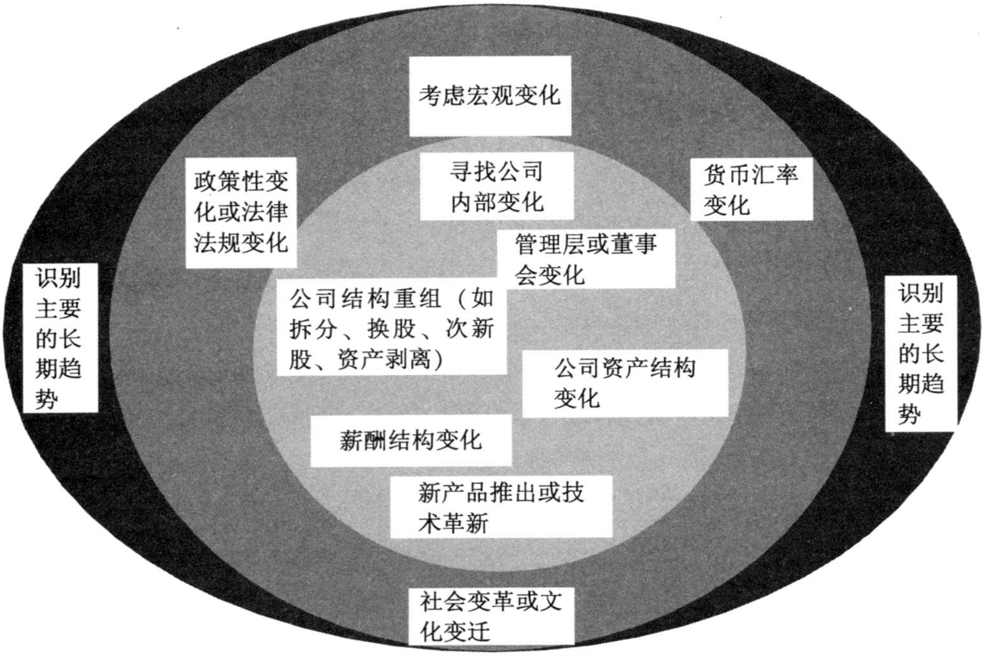

图 6—3　可能导致投资观点发生改变的变化

化将对一家公司产生什么样的影响。我希望本章内容已经帮助你更好地认识了可以对一家公司产生影响的各种变化，这样你就可以识别出变化，并利用这些变化使你自己比其他或许没有像你一样清晰意识到这些重要变化的投资者更具有优势。

第 7 章 这家公司最近为我做了什么？

在前面两章关于变化的内容当中，我介绍了制定一套成功策略的第一步，即识别真正的可能是十分重大的变化。在这之后，下一步就要评估一家公司的执行力，执行力是真正的关键。一名投资者可能会在阅读了一大堆的 10－Q 季报和年度报告之后，认为一家公司即将发生变化，或许甚至连该公司的高层管理团队都会认为即将出现积极的变化。然而，识别出变化之后，如何采取行动来利用这种变化就得看管理层如何使用资金了。

我在管理资金的时候，会设法找到所有成功投资案例的共同特点。那么是否存在着几种可以促使成功投资的因素呢？正如你目前所了解到的，我认为有许多因素都可以促成更优的选股、更好的投资组合管理。我已声明，我所介绍的投资策略和战术可以增加你在任何一种市场上获得成功的机会，而当股票市场没有处在反弹模式或是牛市当中时，这些策略甚至变得更加重要（在反弹当中，你可以买入一只指数基金，它至少可以为你带来正收益）。

排除干扰之后，执行力归根结底就是我们所说的资金分配。这是一种用来表示一家公司如何处置其业务所产生的现金的正式表述方式（又称为“你最近为我们做了什么？”）。我们在谈论资金分配时，指的就是公司如何处置扣除各种费用、薪资及固定资产、厂房和各种设备的日常管理费之后所剩下的现金。一家公司选择处置其现金的方式，能够使其成为更有吸引力的投资对象——更有机会被买入。相反，不良的现金管理则可能会成为是时候斩仓止损的信号。

简单来说，一家公司主要可以利用其经营活动所产生的现金来做五件事，分别是：

1. 促使公司有机增长。
2. 派发股息或红利。
3. 回购流通股。
4. 实行并购。
5. 什么也不做，只是持有现金。

接下来我们分别来看一看每一种策略。

促使公司有机增长

在公司对其业务所产生的现金处置方式中，这种处置方式名列第一。有机增长在这里所指的是开发新产品、开拓新市场、建立新工厂以及建立新的业务等，其潜在的收益是股票市盈率倍数的提高。有时候，投资者必须要十分努力地去探究，才能获得剔除其他增长（如兼并）之后的实际有机增长率。

总体来说，要发现一家公司的实际有机增长，10－Q季报和10－K年报是最好的选择。正如我之前所提到过的，这两种报表是一家公司必须提交给证券交易委员会的详细报告，并且它们都非常容易在互联网上找到。例如，我通过谷歌搜索“福特10－K年报”，该报告就会立即出现。在该报告中的项目7当中——我已经将其转载至此，我们就可以了解到该公司2009年相对于2008年表现如何：

项目7：管理层关于财务状况和经营业绩的讨论与分析(续)

2009年全年与2008年全年表现对比

2009年，我公司净收益13亿美元，而2008年净亏损15亿美元。2009年，我公司税前收益20亿美元，而2008年亏损26亿美元。

在说明与2008年相比，2009年的收益出现了大幅增长的过程中，该公司没有在一个地方提到过任何关于并购的信息，因此投资者可以一眼就看出其收益增长是自然的有机增长。该公司股价的上涨反映出了收益的强劲增长。2008 年 11 月，在差一点摧毁了美国汽车行业的流动性危机最紧张的时期，该股创出了多年以来的新低，每股价格低于 2 美元。然而，福特并没有像克莱斯勒和通用电气一样，接受政府的援助以帮助自己避开灾难，它不需要政府的资金。在这三大巨头当中，福特是最有可能创造真正转机的，而它的确也创造出了转机：2009 年 12 月份，福特的股票在其最低价的基础上上涨了 500%以上，2009 年年底时其交易价格大约为 10 美元。2010 年第一季度结束之前，福特的股票创出了多年以来的新高，正如图 7—1 所显示的，其表现大大优于标普 500 指数。

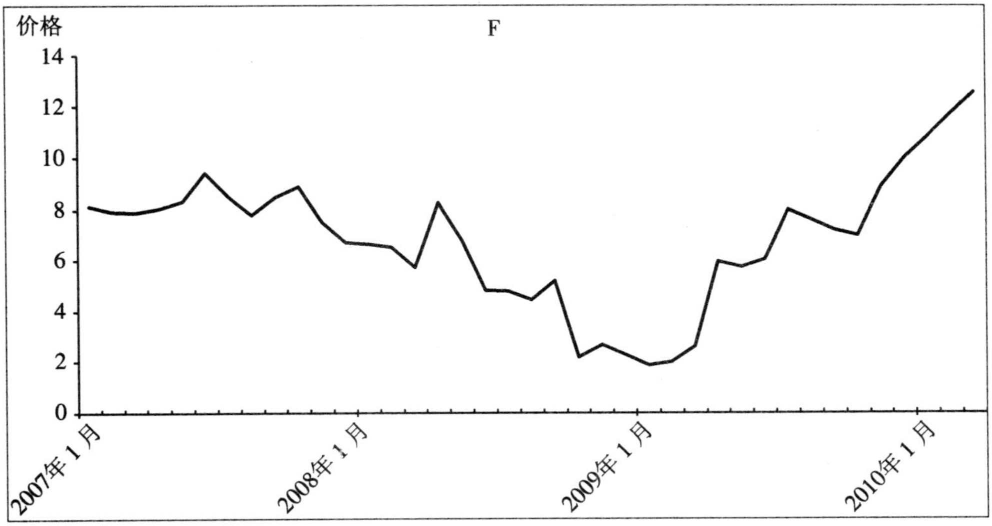

图 7—1　福特股价 3 年走势图

在谈到有机增长时，还有其他一些公司浮现在我的脑海中。其中表现最突出的股票之一就是我一直以来最喜欢的股票——森科能源，北美地区第五大能源公司。森科能源将其工艺和专业技术用来开发其现有的资源，然后利用这些资源来扩大其石油和其他产品的生产，促使其业务出现了有机增长。

森科能源最初是太阳石油公司的一部分，于 1995 年被分离出来。由于该公司惊人的有机增长，其股成为一只不可思议的股票。事实上，它比它的“母公司”成长得快很多，从 1995 年到其顶峰时期，森科能源的股票从远低于每股 3 美元的价格飞涨到 2008 年每股 70 美元的顶部。

在我任职投资经理人的 20 年当中，森科能源是表现最优异的股票之一。它能够有这样的表现，是因为它将营业产生的所有现金留存，然后把这些资金进行重新部署，用来扩大其日常生产和现有的资源基础。**投资于基础设施，促使公司有机增长，是一家公司利用其现金最好的方式。**

在谈到有机增长时，我最喜欢的另外一家公司是康捷国际物流公司，股票代码 EXPD。我喜欢这家公司是因为它属于仓储与物流行业，在这个行业当中，它与联邦快递和美国快递公司这种庞大的官僚公司竞争。但是，它并不像另外两家公司一样拥有飞机和卡车，而是轻资产运营。康捷公司一直是一家十分有远见的公司，它为其客户提供仓储与物流服务，并且将业务扩张到了像中国这样庞大的成长型市场。如果把康捷国际物流公司和美国快递公司近 10 年的表现进行对比，你就会看到有机增长和盈利增长的力量。2000～2010 年期间，康捷国际物流公司实现了略低于 300％的增长，而美国快递公司却毫无作为。

派发股息或红利

在评估一次潜在的股票购买时，在有机增长之后，接下来你应当考察的最重要的一点是股息和红利。简单来说，股息就是一家公司定期从公司利润当中派发给股东的现金。股东在收到股息那一年就需要纳税。

另一方面，红利则是一家公司确定它不需要那么多的资金之后，将一部分现金回馈给股东时所派发的。红利与股息不同，因为它通常都是不经常发生的，并且股东在收到红利那一年不必纳税。相反，它会从你的买入价当中扣除[①]，这样你在卖出股票时，就可以获得长期的资本利得。红利通常都是由合伙企业派发给它们的合伙人的，比如在不动产投资信托当中便是如此。

股息和红利的相似之处要多于其不同之处，因为它们都是公司从其业务经营当中派发给股东的现金。一家公司到底派发这两种当中的哪一种是由公司架构决定的。股息通常都是按季度派发的，但是也存在着一次性特别股息。有些时候，公司实际上会派发股票股息，而不是现金股息。

买入带有高股息收益率的股票可以成为你投资策略的一个重要组成部分。获得股息和红利的潜在净效应是你会获得回报，因为你将获得现金收益。如果你已经把现金收入了自己的口袋当中，就可以把它花在任何想花的地方。因此，假设该股的基本价值不会下跌，那么你将获得一笔实实在在的、可观的净收益。此外，如果该公司能够创造稳定的、不断增长的股息流或红利流，你将因市盈率倍数的增长而获得回报，就像你将因公司的有机增长而获得回报一样。这是因为，任何一家能够使其股息持续增长的公司都被认为是一家健康的公司（而通常确实如此），因此股东们会用更高的市盈率倍数来回报这家公司。在这种情况下，如果持有一只每个季度或是每一年都会增加股息的股票，就获得了以两种形式创造财富的可能性：股权投资的基本价值可能会上涨，同时当公司派发股息时，你将获得现金。

我们始终要牢记的一个关键事实是，股息和红利占整个股票市场收益的一半左右。因此，如果有人告诉你，股票市场曾经创造了8％～10％的收益，那么该收益的一半都可能要归功于被重新投资到了股票当中的股息和红利。这是许多投资者都不知道的，或是从未考虑过的一点。在横向市场或者说震荡市场当中，股息和红利尤其重要——当股票价格没有上升时，股息通常都为你提供了绝大部分的收益。

在卡明斯基团队当中，我们喜欢去发现这样的公司：在我们看

① 译注：即股票价格是扣除分红之后的价格。

来，它们的资金分配策略使得它们成为所谓的债券等价物。当我们买入某一只债券等价物时，买入的原因是，我们追求的不只是资本增值，还有总收益，而这其中无疑包括了股息和红利。

通常来说，投资者购买债券都是因为他们想保全资本金，保证本金的安全，以及获得一笔收益流。在买入债券等价物时，你想要的则不仅仅是收益流或是股息，还有不断增长的股息或红利。如果你发现一只股票带有十分容易预见的、不断增长的股息，你就还有可能从该股票上获得一笔巨大的资本利得。

我们在定义债券等价物时，还包括了业主有限合伙制企业(MLP)。这是一种有限责任合伙企业，许多情况下都是石油或天然气公司。这些公司与其他公开上市交易的公司不同之处在于，它们是以一种要求公司必须把收益的大部分分配给股东作为资金回报的方式依法组建的，其中一个被高度认可的业主有限合伙制企业例子是 EPD 公司，该公司把自己定义为，为美国、加拿大和墨西哥湾的天然气、原油和石油化工生产商及消费者提供一系列服务的公司。

这家不同寻常的业主有限合伙企业曾经表现得不可思议的优秀。例如，从 2009 年 3 月 1 日到 2010 年 7 月 1 日，EPD 公司的股价从略高于 20 美元上涨到了 35 美元左右（图 7—2）。同时这也是关键的，它派发给股东的红利为 6%到 8%不等。

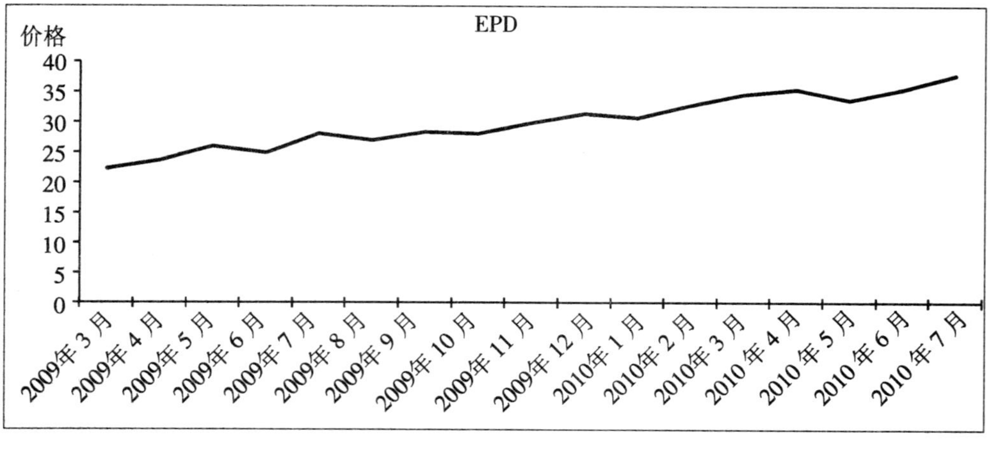

图 7—2　EPD 公司股价走势

不动产投资信托也可以被认为是债券等价物。不动产投资信托是这样一种公司，其主营业务是管理经营能够产生收益的不动产，这类公司通常管理各种不动产投资组合，它们与其他公司的不同之处在于其所在的行业。不动产投资信托公司显然是不动产行业的产物，然而就像业主有限合伙企业一样，它们必须把绝大部分利润作为红利分配给股东。尽管不动产投资信托在 20 世纪 90 年代的黄金岁月里表现不佳，但它们在 21 世纪前 10 年的表现却远远优于整体市场。这是因为，它们的动向通常都不会与整体股票市场的动向步调一致。(它们经常在市场不景气时上涨，这使得它们成为了投资者投资组合很好的对冲产品。我将在本书第 11 章当中更加详细地介绍对冲) 曾经表现优异的不动产投资信托的一个例子是西蒙地产集团。2000～2010 年间，标普 500 指数略有下跌，而拥有大型购物中心的西蒙地产的股票却上涨了大约 300%（图 7—3）。此外，西蒙地产集团还派发大约 3%的红利，这还是接近不动产投资信托派发红利的最低水平。

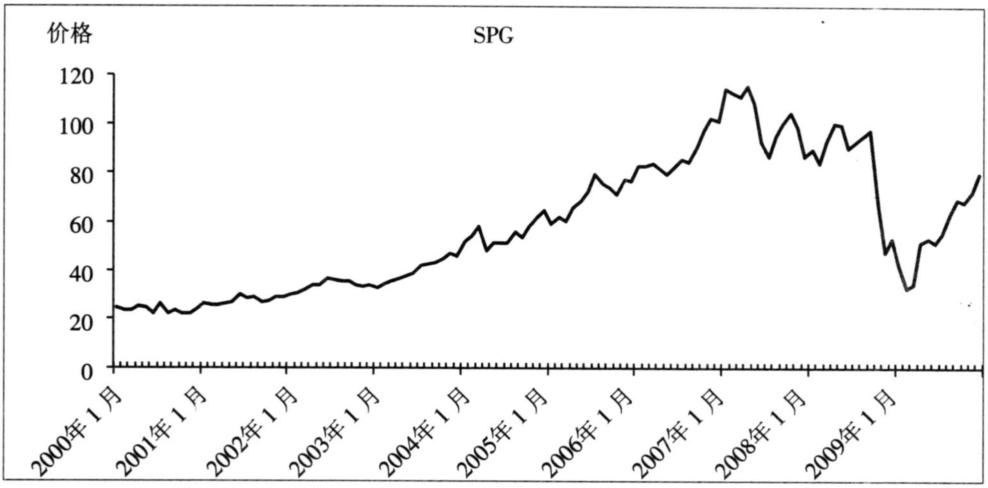

图 7—3　西蒙地产集团的 10 年走势图

另外一种将很大比例的利润分配给股东的企业是特权信托。与业主有限合伙企业一样，许多特权信托公司都与天然气和石油生产及其他能源资产有关。例如，如果一名投资者预期未来天然气价格会上涨，他就可以买入拥有天然气的特权信托。特权信托也享受某些税收优惠，因为它们派发给股东红利的税率要低于一般收益的税率（这些资金可以被用来减少信托的持有成本，并且该信托被卖出时才需要缴税）。①

曾经表现优异的特权信托的一个例子就是萨宾特权信托（SBR）。萨宾拥有矿产、石油和其他能源资产，自 2000 年以来，该公司的股价已经上涨了接近 300%（图 7—4），并且派发了 5%以上的红利。

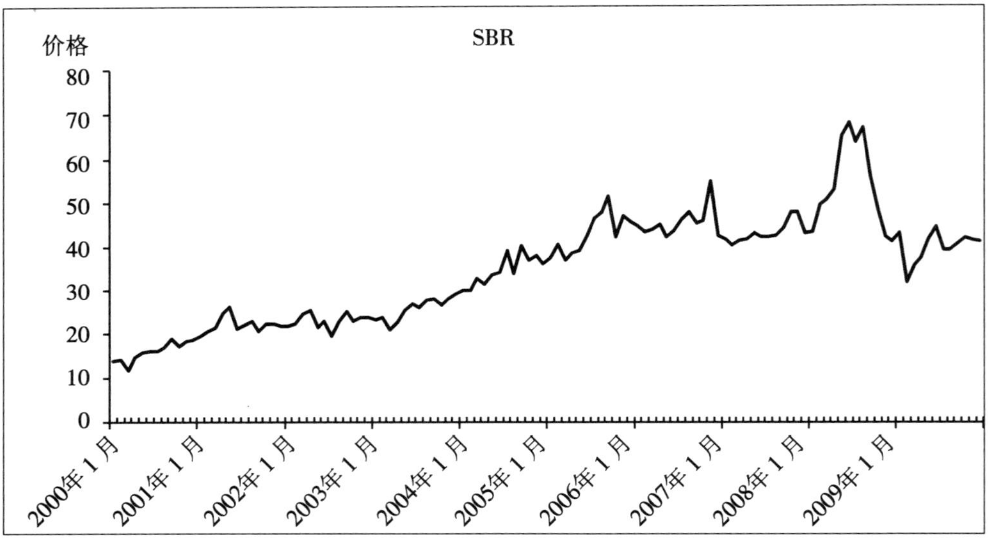

图 7—4 萨宾特权信托的 10 年走势图

※ ※ ※ ※

此时你已经知道我不主张指数投资（也不主张成为一名被动型

① 译注：这种基金的税收方式按照特殊的规定，只要基金收益中的大部分以红利的形式支付给持股人，就可以免征资本利得税。持股人得到的红利可以按照个人收入支付所得税。这种基金可以有效避免购买基金需要支付双重税的问题。

指数跟踪者——你知道我对此甚至更加厌恶)。然而，这并不表示你就可以不了解与某个特定的主题或某种投资产品相关的所有信息。换句话说，仅仅因为我不推荐某种投资产品，并不表示你就可以不熟悉该产品。对接下来的交易型开放式指数基金来说，亦是如此。

不想必须在派发股息的个股中选择股票的投资者，可以买入一只包含了许多股息率高的股票的交易型开放式指数基金，该指数基金的股票代码是 DVY，其正式名称是“安硕道琼斯精选红利指数基金”。

对于那些没有时间，也没有投资工具来选择个股的投资者来说，DVY 让他们可以选择买入一个股票池，该股票池当中所有的股票都会派发健康的股息。表 7—1 显示了 2010 年 DVY 持仓比重前 20%的股票，表 7—2 则显示了 DVY 资金分配比例最靠前的行业。

表 7—1　DVY 持仓比重最靠前的股票

公司名称	持股占基金净资产的百分比
罗瑞拉德烟草公司	2.75
安特吉公司	2.08
墨丘利通用公司	1.98
世纪通讯公司	1.98
威富集团	1.94
雪佛龙公司	1.89
麦当劳	1.72
金佰利公司	1.68
庞贝捷工业公司	1.68
Watsco，Inc	1.67
总持仓比重	19.37

表 7—2　DVY 资金分配比例最靠前的行业

行业名称	持股占基金净资产的百分比
公用事业	24.32
日用消费品	23.91
工业原材料	20.72
金融服务	12.93
消费者服务	4.69
医疗保健	4.03
电信	3.16
能源	3.07
商业服务	2.37
媒体	0.67
总分配比例	99.87

2010 年第二季度，DVY 所派发的年度股息大约为 3.7%，这是一个相当高的数字。然而，这只是故事的一半。从任何一段长时间来看（2 年、3 年、5 年、10 年），DVY 的表现都不如标普 500 指数，有时甚至落后 20%之多。这是我不推荐每个投资者都在自己的投资组合中持有 DVY 的又一个原因。不过，你可以另外一种方式来利用 DVY。一旦你掌握了我在本书中所介绍的工具，或许就会想要评估 DVY 所持有的每一只股票，这些股票当中或许会有宝石，只有做好自己的功课，才会发现 DVY 组合当中是否存在一只或多只值得买入的股票。

※　※　※　※

此时，在继续介绍现金的最后三种利用方式之前，我需要重申目前我们已经讨论过的两种方式——有机增长和股息派发——的重要性。一定要注意，现金的这五种利用方式的重要性并不是相等的，其他三种的重要性相等，我把有机增长和股息派发看作是管理层处置现金最好的方式，这并不是说现金的其他三种处置方式不重要，只是我们发现，从长期来看，如果一家公司有着强劲而持久的有机增长或稳定增长的股息派发，其股票上涨的时间会更长、速度更快。你在制定自己的选股方略时，请记住这一点。你会希望构建这样一个投资组合，该组合当中的公司都很注重前两种资金分配形式。现在我们可以继续介绍现金的最后三种利用方式了。

回购流通股

一些管理者会利用现金来回购公司的流通股。这对该公司产生的净效应是流通股减少，其结果就是公司的每股收益增加。

一家公司回购其股票的方式有两种，其中更为常见的一种是公开宣布持续回购计划，第二种回购方式要比第一种方式更加激进，该方式是在指定的时间内以指定的价格回购一大批股票，它会更加迅速地使得公司的资本总额减少，这种回购计划被称之为“荷兰式拍卖回购”。这两种回购方式的净效应都是公司的流通股减少，从而每股收益增加。

接下来请允许我进行稍加深入地探讨。举一个例子，用以说明一家公司的股票回购计划所产生的净效应。

我们假设一家公司有 2 亿股流通股，每股收益 1 美元，再假设该公司能够在一段时间内回购 4000 万股，最后假设该股目前的价格是其收益的 20 倍。因此，当该公司的每股收益为 1 美元时，其股票就是一只 20 美元的股票。但是，一旦该公司回购了 4000 万股，你持有的股票每股收益就变成了 1.25 美元（因为此时在外流通的只剩下 1.6 亿股）。流通股已经减少，我们再假设市盈率不变，那么你现在持有的就是一只 25 美元的股票了。这样，你就已经获得了一次资本增值，因为流通股减少，而其他所有条件没有发生变化。然而，投资不是一门学科，因此几乎永远无法假设其他所有条件不会发生变化。接下来我来举一个真实的例子，用以说明我想表达的意思。

在谈到股票回购时，我总是会想起国际商用机器公司（IBM）。

在我们所讨论的这个领域当中，它并不是一个单纯的玩家，因为它在从事并购和产生有机增长方面也一直十分活跃。同时，它一直是一个非常激进的股票回购者。我们来仔细地看一看这家公司，就会发现股票回购计划的利与弊。

我们把时钟拨回到 10 年前，看一看 2000 年的 IBM。在那之前一年的 1999 年，该公司回购了大约 73 亿美元的普通股。2000 年，它再次将其流通股减少 5900 万股，这一年 IBM 的每股收益为 4.44 美元，其股票最高价大约为每股 135 美元，在这样的价格水平上，IBM 的市盈率倍数大约为 30 倍。

“蓝色巨人”① 给我的印象一直是一家有机增长前景有些暗淡的公司，部分原因是其规模巨大。2000 年时该公司的收入超过了 880 亿美元。当一家公司达到这样的规模时，就很难再以 10%甚至更快的速度增长了。我们知道，互联网泡沫的破灭从 2000 年的第二季度开始对股票市场产生负面影响，而该公司 2000 年的表现不尽如人意的部分原因就是互联网泡沫的破灭。但是，即使不考虑互联网泡沫，我也一直认为 IBM 是一家以个位数增长的公司。这也是 IBM 一直在股票回购方面十分活跃的原因之一。由于知道其公司增长无法令任何投资者和基金管理人青睐，因此它利用了股票回购来作为促使公司股票上涨的一种方式。然而，投资者们却看穿了这一伎俩，没有为该公司提供任何买入行动。

正如前面所提到过的，1999 年，IBM 的股票创出了大约每股 135 美元的新高。2010 年第一季度，IBM 股票的交易价格大约为每股 130 美元。因此，我们也见证了 IBM 的消失的 10 年，尽管该公司做出了巨大的努力，激进地回购股票，但 2010 年的 IBM 股票价格不到其收益的 13 倍，这与它在 2000 年所享受到的 30 倍相距甚远。鉴于这一点，我和许多投资者都曾好奇，如果 IBM 所实行的不是激进的股票回购计划，而是其他策略，那么它一直以来的表现会不会好得多呢？

我认为，如果该公司把它用来回购股票的所有资金作为股息派

① 译注：IBM 公司的绰号。

发给股东，它如今的境况会好得多。似乎投资者已经把它的股票回购计划看作是一种推升股价的计谋，虽然是一种失败的计谋。请记住，我坚定地认为，有机增长和积极的股息派发策略才是一家公司利用现金最好的方式。这就是为什么我认为 IBM 一直没有领会到这一点，这也就是为什么该公司过去 10 年没有看到自己的股票价格出现任何实质性的上涨的原因。

接下来我们再来看一只股票的例子，该公司一直是一个贪婪的股票回购者，也是一家经常出现在新闻报道中的大型公司——埃克森美孚国际公司。

2009 年 3 月股市触底之后一年的时间里（即 2009 年 3 月至 2010 年 3 月），埃克森美孚国际公司一直是表现最差劲的道琼斯大盘股，当标普 500 指数从其低点上涨了 60％时，埃克森美孚国际公司的股票却基本没有变化。

然而，在此期间的 2009 年 12 月份，埃克森美孚国际公司却宣布用 410 亿美元收购以休斯敦为基地的天然气公司——克洛斯提柏石油公司。许多人认为，埃克森当时如果不是进行此次巨大的收购，而是大幅度增加股息派发，其状况会更好。

这里强调的重点是，投资更多的是一门艺术，且是一门不太好学的艺术，而绝不是一门科学。对于像 IBM 和埃克森美孚这样的大公司来说，它们各自可以实行的策略有很多。市场每天都是一个投票机，一家公司采取哪种策略，例如股票回购，市场或许立即就会有所反应。但是，几个月之后，市场可能又会对这家公司得出一个完全不同的结论。

从事并购

许多公司，尤其是属于有机增长十分困难的成熟行业公司，都会实行激进的并购策略。一些并购是全垒打，会为股东创造巨大的价值，而一些并购却是三振出局，这完全取决于并购所涉及的公司，两家公司的文化，以及两家公司的产品和人员的重叠。我们来看一看我始终将其看作全垒打的一次并购。

通用电气公司 1984 年收购美国无线电公司时，将两家曾经在一起的大公司重新组合在了一起。事实上，1919 年，在当时的海军助理部长富兰克林·罗斯福的帮助下，通用电气协助创建了美国无线电公司，但最终于 1932 年被迫将其卖出①。但是，当韦尔奇发现美国无线电公司可被收购时，他看到了通用电气的未来。韦尔奇希望通用电气更多地涉足于高增长的非制造业，此时美国无线电公司就成为这一战略的焦点。此次收购之后，服务就一直就是通电电气成功故事中一个非常突出的部分，并且在帮助通用电气 20 世纪 90 年代以两位增长中扮演了关键性的角色。

这次 60 亿美元的收购最终被证明是绝对成功的，而由于它是如此的成功，因此帮助通用电气成为一个更加激进和自信的新兴业务收购者，这又帮助其股票价格连续多年持续跑赢市场。然而，这次收购只是一次例外，并不是规律。绝大多数收购最终都未能增加任何价值。根据《哈佛管理前沿》（Harvard Management Update）一书的说法："绝大多数'并购'最终都未能为股东增加价值——实际上，并购之后，2/3 新成立的公司表现都远远比不上行业平均水平。"

在我看来，即使是这一数字也太低。我一直认为，90%的并购最终都未能增加价值。不管是 66%还是 90%，可悲的事实都是，绝大多数并购最终都是失败的。这就是为什么这是一个有风险的成长策略，也是为什么在管理层对企业所产生的现金利用方式当中，我把这一方式排在第四位的原因。

那为什么绝大多数的并购都是失败的呢？

著名的咨询顾问兼作家登齐尔·兰金举出了并购失败的五种原因，这里我将对他的观点进行释义。

- **商业逻辑差。**被收购企业的商业模式可能是错误的模式。兰金总结说，一些公司根本就不应当进行并购。此外，自我管理也

① 译注：1932 年，美国联邦政府做出裁决：作为通用电气公司和西屋公司这样强大厂家的联合企业而存在的美国无线电公司，是违反垄断法的。因此，这两家公司不得不从美国无线电公司抽回了自己的资本。

会对并购的成败有所影响。在看到数亿或是数千亿美元的额外资产时，收购经理会变得十分盲目，因而不去考察两家公司是否适合。

- **对新的业务缺乏了解。**收购公司经常不进行足够的尽职调查，这可能会导致该公司因错误的原因收购另外一家公司。收购公司必须了解目标公司是如何赢利的，同时还必须做好自己的功课，以确保目标公司将会产出收购公司期望它产出的价值。
- **交易管理不足。**兰金解释说，一家公司收购"发烧"的事例时常出现。一旦发生这样的情况，一家公司就可能会以过多的资金收购目标公司，导致达成一笔不好的交易。这就是为什么关于目标公司真正的价值，收购方必须获得一种不加掩饰的、诚实的观点。
- **整合管理差。**这可能是收购失败最普遍的原因之一。绝大多数公司都不会进行必要的整合计划。被收购公司的员工会担心自己的工作，压力很大。归根结底，收购公司未能将整合的重要性纳入考虑。
- **有缺陷的企业发展战略。**在并购引起的最初打击逐渐消失之后，两家公司必须密切合作，以便将新建机构的价值最大化。此时两家机构的文化磨合就成为了重中之重。对于收购公司的收购经理们来说，不在新建机构中表现得像是征服者或胜利者至关重要。

※　※　※　※

并购有可能会失败，是受以上所提到的各种原因以及其他一些原因综合影响。为了在并购游戏中取得成功，各公司必须拥有正确的领导团队来进行操作，同时必须拥有大量的整合计划、应急计划等。

此外，管理层在实施并购时，也会面临巨大的压力。由于收购交易将产生的各种费用，银行家们一直在不断设法说服 CEO 们和其他高官们进行收购。其中一个最好的例子就是 1988 年科尔伯格·克莱维斯·罗伯特公司收购雷诺—纳贝斯克公司这一著名的杠杆收购，这是截止到当时最大的杠杆收购（布莱恩·伯勒与约翰·希利亚尔合著的优秀著作《门口的野蛮人》（*Barbarians at the Gate*）中对整场贪婪的盛会进行了绝佳的描述）。

事实上，许多公司清楚一笔并购交易有90%的可能性会无法增加价值，但是仍然会进行这笔交易。这样做的原因是，他们总是认为，如果说只有10%的人可以让一切顺利进行，那么自己就是这10%当中的一个。我从未遇见过一名不愿意进行并购交易的收购经理——他们表示自己和自己的公司将会取得成功，他们将顺利地把一切组织管理好。

然而，历史已经表明，并购常常是一门解决文化冲突的学问。在整合两家公司的体系时，几乎总是存在着各种各样的困难，以至于主要用来为人们提供帮助的管理信息系统，最终反而更多地成为一种问题。于是就出现了员工离开公司这一意外的结果。归根结底，这全部都是关于人力资本的问题。当你找员工谈话，询问他们为什么在并购之后离开公司，他们的答案几乎总是因为新的管理团队入驻时，他们的和谐被打破了。当一家公司接管另外一家公司时，他们希望让自己的人就职于新的公司，而这会对新的公司产生一系列的影响。

一个可悲的事实就是，并购的墓地上躺满了失败的并购。其中最为失败的一次并购就是美国在线公司与时代华纳公司的合并，这次交易从一开始就是一场灾难。2000年初，这次交易发布后不久，美国在线的业务就开始退缩不前，没有一位并购负责人有一个健全的整合计划（记住，事后来看，美国在线收购时代华纳几乎毫无意义），而且在收购协议签订之前，所有关于协同作用的言论就已经化为乌有。

毫无疑问，我并不是第一个质询这些并购交易为何会如此失败的人，《商业周刊》的（资深经济分析家）史蒂夫·罗森布什对此进行了很好的总结，他问道：

> 这种失败的交易最初为何会大量出现？在每一个并购案例中，管理者们显然都希望最终能够实现全垒打，于是把大量的

资金倾注到并购交易当中，就像拉斯维加斯的一名赌徒看到自己的筹码减少时，绝望地想要大赢一笔一样。然而，糟糕的交易通常都是源于恐惧或是绝望。一轮竞争，或是潜在的竞争，正在创造一个新的市场，或是侵袭现有的市场，各个企业必须对此做出反应。有时我们对未来会过于自信，对管理层的整合能力过于自信。在一些案例当中，并购交易或许的确具有战略意义，但并购价格却高得过于离谱。

另外一次被华尔街斥责的收购是 2001 年惠普公司收购电脑制造商康柏公司，该交易披露前一天，惠普公司股票的收盘价是 23.21 美元。2001 年 9 月 4 日，这一之前被严格保密的收购被公布，它令投资者们都感到震惊，导致惠普公司的股票暴跌将近 4.50 美元，跌至 18.87 美元，跌幅超过 18%。

关于这次收购对惠普公司是好是坏，存在着几种不同的观点。然而，华尔街的判决却是严厉的。2001 年到 2007 年年中，惠普股票的表现大大落后于标普 500 指数。畅销书《从优秀到卓越》(*Good to Great*) 的作者吉姆·柯林斯在他为《惠普之道》(*The HP Way*) 所作的序言当中，对惠普的境况这样总结道：

> 20 世纪 90 年代末至 21 世纪初，惠普偏离了轨道，做出了一系列在我看来与最初促使它成为一家伟大的企业相违背的决定。惠普从外部引进了一名具有超凡魅力的 CEO，也从事了一次价格高昂的收购——这次收购的成功很大程度上取决于其市场占有率和成本削减，而不是独特的技术贡献。惠普与康柏电脑公司的合并最终是否会成为一次成功的案例还需拭目以待——尽管历史上对类似合并的裁定表明成功的概率很低。即使惠普获得了意外的成功，最终从与康柏电脑公司的并购交易中获得了巨大的财务收益，我仍然认为大卫·帕卡德绝对不会对惠普在 2005 年初的表现感到满意。

所以，在这种情况下，我们这个时代最有商业头脑的人之一都认为收购康柏电脑公司违背了收购方最初的设想。

这里的关键点是，许多并购最终都导致了股东财富被大量摧毁。在管理层对现金的利用方式当中，并购几乎排在了最后，这绝非偶然，尤其是在横向市场当中。当市场没有上涨时，管理层可能会尝试着进行更多的并购交易，以便为公司创造一些令人激动的因素，以及增加公司管理的资产（假设该公司有能力为并购交易融资的话）。这就是为什么对于管理层来说，在进行任何收购之前，认真地进行尽职调查如此重要。同样的，如果一家公司将并购作为主要的成长策略，那么在考虑买入或卖出该公司的股票时，投资者也需要进行尽职调查。

这里我要澄清的是，我并不是说进行并购交易以及并购交易本身一定是一件坏事，我的意思是（收购方进行收购之前）要对每一笔交易和每一家目标公司进行详细的调查，以确保并购交易有价值和意义。

什么也不做，只是持有现金

一家公司对现金的最后一种处置方式，就是持有现金，将它列入资产负债表当中。只是持有现金最大的坏处就是该公司不会获得我前面所介绍的任何一种好处，该公司不会获得市盈率倍数的增长，流通股的数量也不会减少。持有现金的另外一个潜在的副作用是，激进的投资者可能会决定将该公司作为攻击目标，希望重新瓜分这部分资金。可以这么说，一家公司为困难时期所积累的现金越多，外部因素试图影响该公司未来行为的风险就越大。这就是为什么我通常都会避免买入将很大比例的盈利以现金形式持有的公司股票。

因持有过多现金而被攻击的一个例子就是微软公司。2004～2005年间，即使在派发了多达350亿美元的定期股息和特别股息之后，该公司仍然持有380亿美元的现金，持有这么多现金可能会激怒投资者，导致公司吸引媒体大量的负面报道。例如，2005年7月，《商业周刊》撰写了一篇名为《现金过多，激励过少》的报道，其中就把微软公司作为了高科技产业中一个典型例子。

快速地看一看图 7—5，它表明并不只是媒体在给微软公司施加压力，投资者也在给它施加压力。很明显，2000～2010 年期间，投资者不想让自己的资金被微软公司的股票占用，因为买入该股的总体收益将会是负数。

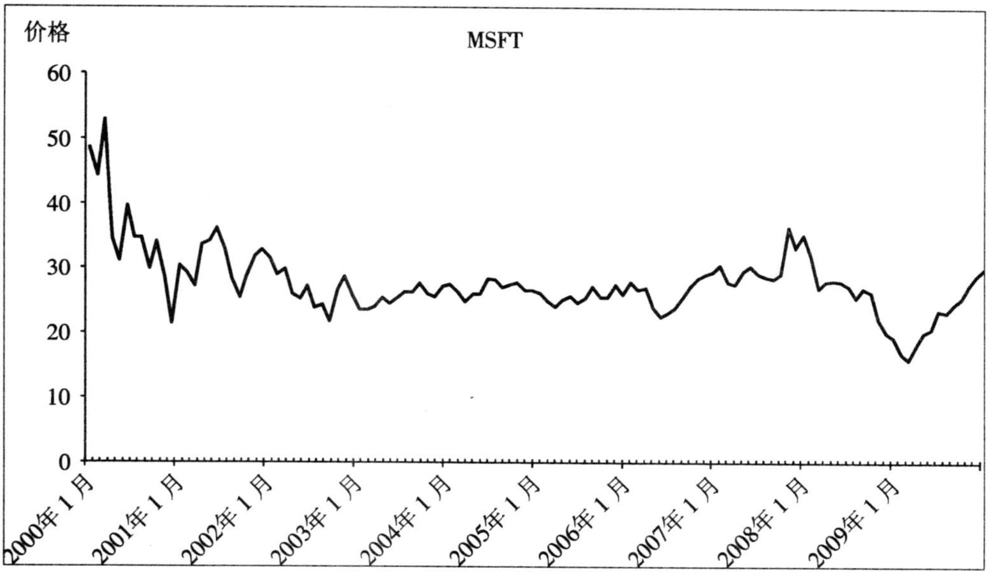

图 7—5　微软公司的 10 年股价走势图

扼要重述一下，以下内容是按照重要性顺序对现金五种利用方式的一个总结（排在第一位的当然就是最重要的）。此外，图表 7—6 也是对此的一个总结。

- **促使企业有机增长。**这里我们所指的是建立新工厂，推出新产品，开拓新市场。有机增长的净效应是市盈率倍数的提高。在公司对其手上现金的利用方式当中，促进有机增长名列第一。
- **派发股息和红利。**在一家公司对其现金的最佳利用方式当中，这种方式名列第二。其结果就是股东获得现金支付，同时这种方式也能够促使市盈率倍数提高。
- **回购股票。**这种方式将增加每股收益，因为一家公司实施股

（对投资者的吸引力由高到低排列）

现金的五种最佳利用方式	潜在净效应
1. 促进企业有机增长 ——建立新工厂 ——推出新产品 ——开拓新市场	· 市盈率倍数扩大
2. 派发股息和红利	· 股东获得现金 · 市盈率倍数扩大
3. 股票回购	· 每股收益增加（流通股数量减少）
4. 并购	· 绝大多数并购都是失败的 ——公司文化冲突 ——体系整合困难 ——员工离职
5. 持有现金	· 投资者重新部署现金的压力

图 7—6　公司最近为其股东做了什么？

票回购计划之后，其流通股将会减少。

- **从事并购。**在一家公司对其现金的利用方式当中，这种方式的排名靠近最后。这是因为，由于公司的文化冲突，体系整合的巨大挑战，以及迫使最好的员工离职另谋高就，绝大多数的并购都以失败告终。
- **持有现金。**只是持有，什么也不做，这很可能是一家公司处置其现金最糟糕的方式。这不但对公司没有帮助，而且还会招致各类人士，例如公司的股东们，迫使管理层花掉这部分现金。

第 8 章 选择在所有类型的市场中都能获利的股票

许多投资人都出于错误的原因买入股票。他们买入股票可能是因为某个经纪人、分析师或投资经理人的建议，或是听取电视屏幕上的专家给出的意见，而不是自己进行的尽职调查。许多分析师推荐的连他们自己都不会持有的股票，这使得采纳他们意见的想法变得很愚蠢（记住，从长期来看，多达90%的投资经理人都未能跑赢标普500指数）。此外还必须始终记住，我们听到的许多股票推荐都是建立在以相对表现为度量标准基础的推荐意见。

例如，一位谈论餐饮股的分析师可能会把芝士蛋糕工厂推荐为餐饮板块表现最好的股票。此外，他可能还会对该板块中的其他股票进行评级，把该板块中的其他股票都归为表现不如芝士蛋糕工厂的股票，因为它们的投入成本更高。这里的关键点是，当他推荐芝士蛋糕工厂时，只是在将它与餐饮行业中的其他股票进行对比。或许整个餐饮板块，包括芝士蛋糕工厂的收益都是负数，但你却无法从该分析师的建议当中了解到这一点。这是因为，卖方分析师只关注一个产业或一个行业——我们必须了解这一特点。

畅销书作家查尔斯·埃里斯在《赢得输家的游戏》（*Winning the Loser's Game*）一书中把投资称之为"输家的游戏"。该书立足于假设投资者和各个机构都没有能力战胜市场，也没有能力择时交易。然而，我的这本书中一个关键性假设是，如果你清楚地知道如何战胜市场，就的确有可能战胜市场；可以从这个埃里斯和其他人称之为"输家的游戏"中挑选出可以获利的股票。

在棒球运动中，如果击球率是30%，你最终就能进入名人纪念馆。在投资领域，则需要 60％～70％的成功击球率才能成为一名长期的赢家。

※　※　※　※

在前面两章中，我们讨论了挑选跑赢市场股票的前两个关键：基于公司自身变化的买入机会，以及一家公司如何利用其现金，使自己成为一个更有吸引力的投资对象。

在这一章中，我将再介绍一种方法，用以识别有潜力在横向市场中跑赢市场的股票。当这三种技术被结合在一起用来分析股票时，其结果将会相当的惊人，这就是一种将帮助你击球率达到 60％～70％的选股方略，它将帮助你组建一个可以赢利的股票投资组合。

在这一章中，将以不同于前两章的角度来看待股票。这里我将集中讨论选股的五项原则。在对任何一次股票投资进行分析时，这些原则将为你提供帮助，指导你完成尽职调查。

1. 可持续的竞争优势。
2. 强健的财务指标。
3. 可长期产生自由现金流。
4. 关注股东利益。
5. 内部持股。

如果你发现某一只股票具有这 5 个特点，那么你或许就真的发现了一个可赢利的投资对象。然而，正如前面两章所介绍的，必须认真地做好你的功课。这表示在分析该股票时，还必须把前面两章当中所介绍的选股原则也考虑进来，这样才能够确保该股通过我所介绍的所有检验方法。

接下来更加详细地来看一看这几个特点，以便可以获得分析潜在投资对象时所需要的工具。

可持续的竞争优势

考虑到技术变革及全球市场变化如此之快，如今要想取得一种长期的，或者说可持续的竞争优势，比以往任何时候都要困难。享有这种优势的公司已经寥寥无几。这是因为，取得一种竞争优势需要的远远不只是拥有一种可持续 3 个月或是 3 年的商业战略，它还需要公司关注一些关键问题，例如可持续增长、管理继承、员工保留以及下一代领导人的培养。如果我们假设未来 10 年全球经济增长速度将低于长期平均水平，那么这些问题甚至会变得更加重要。

要成为一家享有长期竞争优势的公司，需要做的不仅仅是发现新的客户来源，制定出顾客保留机制，以及寻求循环收益这种平淡无奇的事情，它还需要具有创造性思维。例如，在灾难降临之前就做好可能的控制；考虑如果某个竞争者采取了某种不理性的措施来抢占公司的市场份额，公司将如何反击；或是把顾客获取变成一门科学（例如，确定出每获取一个新的顾客需要付出的实际成本）。这些因素的考虑主要是为了准确计算出，为了产生额外的收益公司愿意花多少钱来进行市场营销和推广。

多年以前，有过这样一段时期，当时的公司可以很轻松地启动一项业务，将规模扩张到足以支配市场，不必担心竞争。不管该公司是一家零售商，还是一家科技公司，均是如此。如今，由于大量信息和数据可供所有人使用，因此即使是美国成长速度最快的公司，例如连续多年在市场中处于支配地位的星巴克，如今也不得不担心新的市场进入者试图一点一点地抢夺它的市场份额。与星巴克相比，邓肯甜甜圈（Dunkin' Donuts）和麦当劳所售卖的咖啡更是质优价廉。

即使是最大的、最具优势的公司，也不得不担心竞争。另外一个典型的例子就是沃尔玛——世界上最大的零售商，其 2010 年财政年度的收入超过了 4000 亿美元，如今它却不得不当心科思科连锁公司（Costco）、科尔百货（Kohl's）和塔吉特百货（Target）这样的竞争对手，以确保自己能够紧紧把握住至关重要的市场份额。这三家零售商已经取得了巨大的成功，在零售行业中赢得了自己的一席之地。例如，2010 年第二季度，当美国经济正在从大萧条中恢复时，竞争对手公司塔吉特，一家比沃尔玛更加能够迎合高层次消费者的零售商，发布报告称其市场份额增加，而沃尔玛的销售额却基本持平。这是我们没有想到的，而如果 2011 年及其之后经济继续保持强劲，这种趋势可能还会继续。

事实上，鉴于今天公平的信息竞争环境，我们想不到世界上还有哪家公司不担心竞争的了。

但是，我们能想到几家的确在其行业内具有可持续竞争优势的公司。例如，我们以网络零售商亚马逊为例，它是名列第一的网上书店。在在线图书销售领域，亚马逊拥有长期的竞争优势，并且短时间内，任何竞争对手所采取的任何措施都无法危及这一优势。亚马逊是第一批最大的网上公司之一，从一开始它就做了其他任何一家书商没有做的事情。除了做出一个没有实体店能够比拟的不可思议的选择之外，它还拥有极佳的客户服务，甚至能够在社区风靡一时之前就创造出一个书籍购买者的网络社区。所有这些因素都帮助解释亚马逊的巨大成功。

互联网泡沫破灭时，亚马逊股票的价格下跌到了 10 美元以下。2010 年中期，其交易价格却高于每股 135 美元，接近其当前收益的 80 倍（图 8—1）。在选择买入正确的股票时，可持续的竞争优势是非常关键的一点。但是，单就这一点并不能成为持有一只股票的充分理由，还有其他四个标准几乎与这一点同样重要。

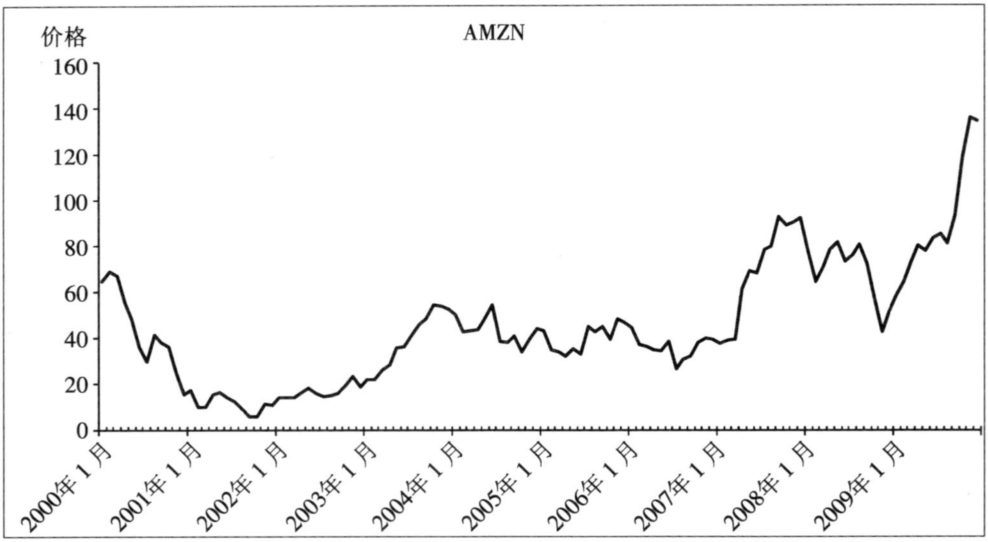

图 8—1 亚马逊股价 10 年走势图

强健的财务指标

这也是需要我们考虑的一个标准。投资者总是会希望持有那些具有强健的财务指标的股票，这主要体现为该公司自有资本充足。

本书的目标并不是促使你变成一名会计，而是设法教你识别资本自足的公司。一家资本自足的公司不需要借款，也不需要发行任何新股来使自己财力雄厚。过去 10 年已经向我们表明，不得不依靠资本市场来实施其商业计划的公司，有时可能会陷入极大的困境当中。资本市场会关闭，资本市场也会被冻结。我从流动性危机当中所学到的一课就是，公司应当努力从其日常经营当中产生足够的现金，以实施其成长策略。

这就是为什么我们希望发现不必依赖资本市场的公司。然而，要发现资本自足的公司绝不是一件简单的任务。我们希望持有这样公司的股票：当需要立即增加产量时，它们能够以闪电般的速度在保证成本效益的情况下采取行动。

我们来看一看我最喜欢的公司之一，它实力雄厚，足以资本自给：康捷国际物流公司。该公司是一家与美国快递公司和联邦快递竞争的航空货运公司，然而，不像它的两家竞争对手，康捷公司没有让卡车和飞机这样的重型设备占用它的现金。相反，该公司靠租赁卡车队和飞机来进行运营，这使得它能够更加专注于提供极好的客户服务。此外，该公司还拥有自 1988 年开始便任职于该公司的 CEO 彼得·罗斯所领导的一流管理团队。总之，康捷公司是能够资本自给的一个典型例子。何以证明这一点呢？2010 年年中，该公司资产负债表上的负债为零，现金为 10 亿美元。当你在评估潜在的买入并持有股票时，这就是你应当寻找的可赢利的投资组合。

可长期产生自由现金流

这一点听起来很复杂，但实际上并非如此。大致来说，自由现金流就是公司所有经营所产生的现金流，减去公司为了以目前的速度增长所必需的资本支出。这与我们讨论产生现金的公司时所讨论过的内容类似。各公司在发布收益报告时，可以采取一系列措施来粉饰其收益，以便其收益表面看起来比实际收益更好。例如，出售某一个部门就可以创造一次性收入，它可以让公司的收益令人大吃一惊，而这反过来又可以为该股创造一次人为的抬升。

另外一个例子：一家需要进行研发以促使产量增长的公司，可能会为了发布更高的每股收益而大幅削减其研发预算。尽管这可能会使公司表面看起来收益很好，但它会导致公司在其未来成长所依靠的项目上投资不足。这是一个警报信号。

一家公司采取这样的措施明显存在着风险。作为卡明斯基团队的创始合伙人之一以及投资领域的一位传奇人物——乔·拉瑟，曾经说过："现金流量表从不说谎。"

乔是卡明斯基团队成功的远见者和缔造者之一，他的以下建议极其有用。他建议买入这类公司的股票——长期关注现金的产出，将产生现金作为公司使命不可分割的一部分，以便实现有机增长；不要买入那些采取一些违背其核心原则，如削减研发预算来维持盈利的公司股票。他反感那些仅仅为了人为增加其股票收益，而只顾眼前利益的公司。

在考虑产生足够的现金来运营一家公司有多困难时，你始终会想到的一个行业就是航空业。鉴于重建一家公司的机群所必需的巨大资本支出，需要支付给员工的大量薪资，以及大肆做广告和推销公司业务所需要的费用，航空业是最难赢利的行业之一，并且这并不只是我个人的观点。

AMR 集团（美国航空公司的一家母公司）的一名前 CEO 兼董事长鲍勃·克兰多尔，曾经说过这样一句话："我永远也无法理解任何一个人为什么会买入哪怕一股航空股。"对于一名正在运营一家航空公司的执行官来说，这是一种令人难以置信的坦白。此外他还说道："我们从未挣回我们的资本成本"（资本成本即一家公司为其经营活动和各个项目融资时所需要支付的资金）。在我看来，这是一种令人十分吃惊的行为。克兰多尔是一名行业远见者，他创建了常旅客计划，进行了一些非常具有战略性的收购，但他却承认自己所在的整个行业都收益薄弱。

在克兰多尔的管理下，得益于其良好的战略管理思维，美国航空母公司成为一家全球性的航空公司。当克兰多尔表示，鉴于他的公司从未挣回其资本支出，因此他永远也无法理解为什么会有人愿意投资航空股，这其实是在建议投资者将自己的资金投资到其他地方。他基本上是在表示，他的公司申请破产要比继续经营更好。如果一家公司无法覆盖其资本成本，那么它究竟价值何在呢？这就是克兰多尔发表其十分令人吃惊的言论时，想要表达的观点。即使是在航空业最好的年份和最好的周期里，该公司也未能产出足够的现金。

当然，并不是所有的航空公司自创建后情况都这样。美国西南航空公司例外。就旅客数量而言（截止到 2009 年），西南航空公司已经成为了世界上最大的航空公司。促使西南航空公司如此引人注目的是，它是唯一一家连续 37 年（截止到 2010 年）赢利的航空公司。

另外一家表现优于绝大部分航空公司的是捷蓝航空（Jet Blue）。尽管遭遇了一些严重的客户服务问题，但捷蓝航空在其整个相对简短的历史上都产出了现金。像西南航空一样，捷蓝航空安全度过了其历史上一些最艰难的年份和最糟糕的事件。例如，就在对航空业造成了十分严重伤害的“9·11”悲剧事件发生之后，捷蓝航空 2002～2004 年的财务业绩也十分强劲。

然而，在我看来，尽管航空股可以成为有吸引力的交易机会，但我们绝不应当考虑对它们进行长期投资。该行业的历史向你表明了原因：东方航空公司已经消失；泛美国际航空公司已经消失；美国人民捷运航空公司已经消失。经过将在第 11 章讨论的破产之后，美国联合航空公司和达美航空公司不得不重组，大陆航空公司亦是如此（美国联合航空公司和大陆航空公司于 2010 年年中宣布了一项合并协议）。以上全部都是因为它们无法产出足够的现金。

如果考虑整个行业，航空业已经损失数十亿美元，投资者亦是如此。然而，投资人却因为自己正在交易交通工具类股票，而继续买入航空股。航空股为什么会是好的交易备选呢？总是会有一些更加愚蠢的人，新一代投资者总是认为航空业终于砍掉了足够多的成本，情况正在好转。但是，这一结论完全没有经受住时间的考验。到最后，除了极少数的特例，各大航空公司从未从经营活动中产出现金。当你持有包含一定数量证券的投资组合时，应当完全避开这一行业。

然而最具讽刺的是，飞机制造业的表现却与航空业截然不同。当我们把飞机制造领域的领导者之一——波音公司，与任何一家传统的大型航空公司进行比较时就显而易见了。例如，2009 年第四季度，波音公司报告的收入是 179 亿美元，自由现金流接近 30 亿美元（从 2008 年的负 20 亿美元上涨至此）。这是一种令人印象深刻的表现，尽管过去几年该公司几次推迟其新型 787 系列飞机的上天。

那么波音公司强劲的现金流是否促使它变成一个表现强劲的投资对象呢？答案绝对是肯定的。波音公司发布其第四季度的强劲收益那一天（2010 年 1 月 27 日），其股票创出了接近 60 美元的新高。随后 3 个月内，该股又在 75 美元关口形成了顶部，跑赢了标普 500 指数，参见图 8—2 所示。许多人会认为，一旦一家公司已经发布其强劲的收益，其股票也已经因此出现了上涨，再买入该股就太迟了。但是，波音公司却表明这一观点大错特错。波音公司强劲的收益报告，其中包括了十分强劲的自由现金流，促使该公司的股票持续强劲上扬。

关注股东利益

这是最为主观的一条买入原则。密切关注股东利益的公司会采取一切必要的行动，为持有其股票的股东们创造价值。这样的公司将努力实现有机增长，创造强劲的财务数据；将派发丰厚的股息，并经常回购本公司的股票。关注股东利益与我前一章所讨论的理念十分吻合，因为一家公司如何使用它所产生的现金，至少在一定程度上表明了它对股东利益的关注程度。

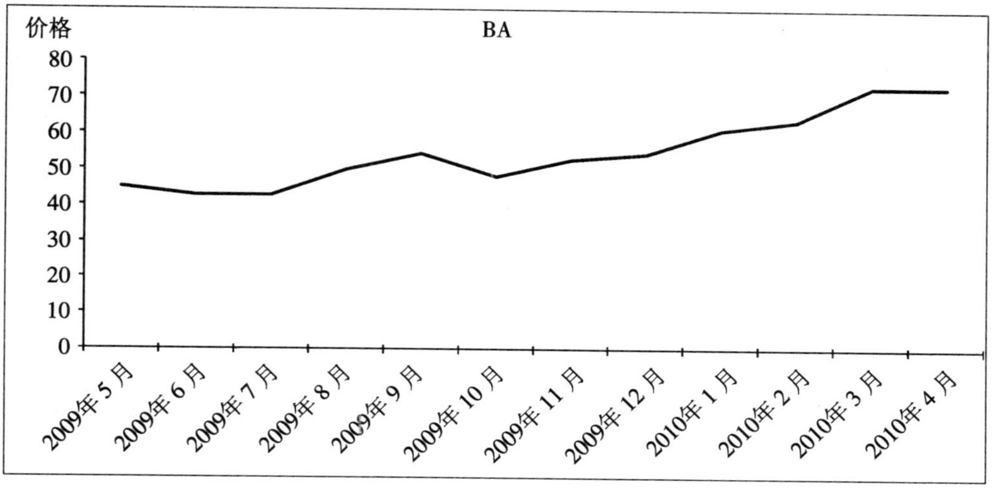

图 8—2　波音公司的 1 年股价走势图

一家公司还可以采取其他几种措施来表明它十分关注股东利益，这一点就涉及主观性的问题了。公司可以采取某些措施，或者说推出各种举措来为股东服务，但是根据举措的不同，这些公司实际上可能是，也可能并不是在关注股东利益。这取决于一家公司采取这些措施时背后的动机。

例如，如今关注环境和绿色运动的人比以往任何时候都要多。这家公司是对生态环境无害的吗？是绿色环保公司吗？尽管关注环境可能意味着花费更多的资金——改造设备，花费更多的资金与绿色供应商进行业务往来等——但是有证据表明，走绿色路线会为公司增加价值，并且为了买入一家与社会和谐相处的公司股票，一些投资者愿意接受较低的收益。在这种情况下，各公司走绿色路线是因为它们主张让地球变得更好，还是只是为了安抚股东呢？这一点我们通常都很难了解到，但这里的问题并不是关于绿色路线的问题。走绿色路线通常都是正确的，是什么促使一家公司朝这个方向发展并不重要，真正重要的是该公司所采取的措施以及这些措施所产生的结果。

让我们来看一个绿色环保公司的例子。2009 年，《新闻周刊》首次评出了美国绿色环保 500 强企业。出人意料的是，惠普公司（股票代码 HPQ）名列榜首，星巴克名列第十。

惠普获得认可是因为它是第一家大大减少了温室气体排放量的IT公司。如果查看惠普2008年4月至2010年4月的两年图表，你就会发现其股票上涨了18%左右，而标普500指数则下跌了12%左右，如图8—3所示。这一结果是发生在华尔街一个十分混乱的时期——正如我们所知道的，2008年，股票市场的价值损失了37%。

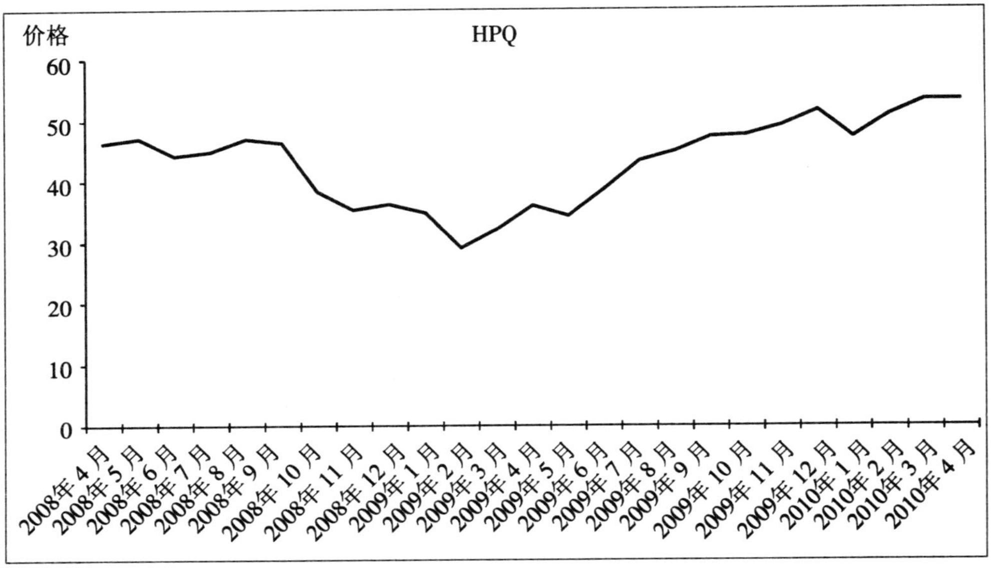

图8—3 惠普公司的2年股价走势图

近年来出现了各种问题的星巴克仍然能在《时代周刊》所评选出的名单上位列第十，这是因为2008年它宣布将“以对环境和社会负责任的方式提供产品”，星巴克曾郑重宣布将鼓励其供应链合作伙伴保护水源，同时它所使用的是再生纸产品和有机咖啡。此外，星巴克在“绿色”建筑领域也是一名领导者。那么，自2008年以来星巴克的表现如何呢？2007年4月至2010年4月期间，该股上涨了50%左右，而标普500指数则下跌了12%左右，参见图8—4所示。

关注股东利益的另外一个例子是那些进入了《财富》和《福布斯》评选出美国最佳雇主名单的公司。正如关注环境保护一样，关

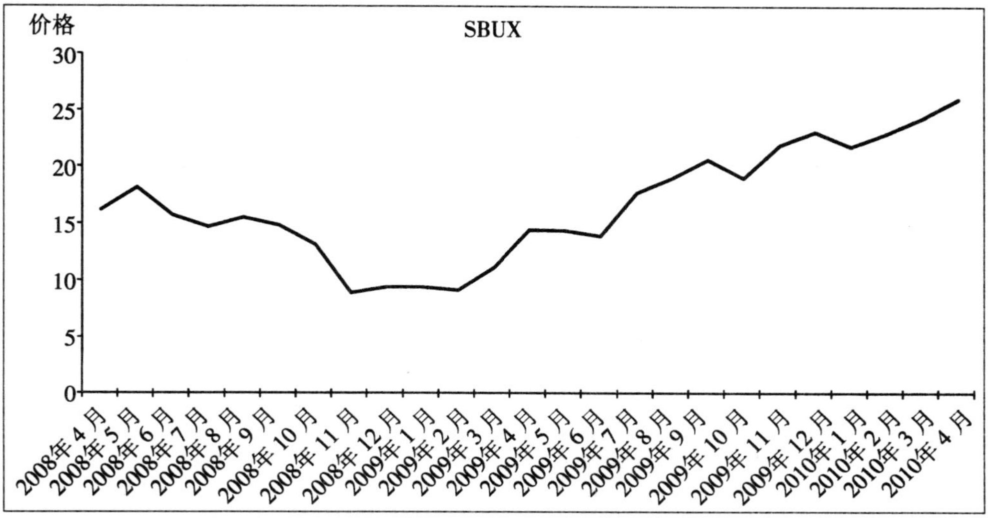

图 8—4　星巴克的 2 年股价走势图

注员工的利益也会增加公司的成本：提供非常好的健康福利，为员工提供日托服务，灵活的休假时间，以及其他许多福利，都会大大增加公司的成本。然而，同样地，我发现在这些方面做得最好的公司与股票价格上涨最终受益公司之间存在着某种联系。值得指出的是，促使股价上涨的可能并不是该公司是绿色环保的，还是关注员工利益的，而是如果该公司在某一个方面采取了好的措施，它就很可能也会在其他几个方面采取好的措施。

换句话说，如果查看《财富》杂志上的“最佳雇主 100 强”名单，你所发现的很可能并不是赢利能力最强的公司，但是能够进入该名单与该公司表现优于同行业的能力之间一定存在着某种联系。我的这一观点严格基于我自身 20 年的观察，这并不表示你应当仅仅因为一家公司在这个名单上就买入其股票，而是表示该名单是一个很好的入手考察点。应当先查看位于该名单顶部的公司，然后自己进行研究，看一看这些公司当中是否有一个或是几个满足我在前几章当中所确定的其他标准。

我们再来看一个例子：2009 年《财富》杂志评选出的最佳雇主第一名是一家叫作美国网域存储技术有限公司（NetApp）的公司。

这是一家科技公司，专门经营“企业存储与数据管理的软硬件产品和服务”。我们先忽略该公司的产品多么专业，先来看一看是什么促使它成为最佳雇主。举例来说，该公司没有一份长达12页的员工旅游政策文件，而是对员工表示：“运用你的常识”“不要为了省几个钱就疲惫不堪地出现在公司”。

该公司的许多部门都不会要求员工制定出不可靠的商业计划，而只是让他们的员工写下“未来的历史”，规划出他们的愿景，看一看他们所在的部门未来一两年之内会是什么样的情景。大萧条期间，该公司没有任何裁员，并且抢占了市场份额，拥有大量的留存现金，帮助自己度过了流动性危机。此外，《财富》杂志表示，美国网域存储技术有限公司的各项福利也是最好的：每年为员工提供5天的带薪假期，让他们去做志愿者工作，高于11000美元的收养援助，甚至还有为孤独症患者提供费用，2006～2009年期间，有43名员工享受到了该福利，而该福利的花费大约是每个季度100万美元。那么所有这些额外津贴对该公司的股票产生了什么样的影响呢？尽管我们不可能把该公司股票的表现完全归功于这些员工福利，但有趣的是2008年4月至2010年4月这两年的时间内，该股上涨了大约65%，而标普500指数则在同一时期下跌了15%。这里我要强调的一点是，我们不能就此得出结论，认为该公司的股价与其出现在这些权威排名的顶端或顶端附近有着因果关系，它更多的可能是反映了这样一种观点，即如果该公司为其员工提供了好的福利，它很可能也会以类似的方式对待其顾客，同时也会让其商业计划得到好的执行。

这种选股方式或许看起来有一点愚蠢，或者说不专业，但是我发现，对股东利益的关注程度与进入《财富》杂志这种评选名单之间高度相关。当然，我并不能证明这一点，但是我个人已经对这一现象观察多年。

这种投资方式与我在第6章当中所指出的彼得·林奇的投资方式十分相似。林奇是20世纪80年代第一批伟大的投资经理人之一，著有几本投资类畅销书籍，如《战胜华尔街》。为了发现最值得投资的公司，林奇建议投资者们运用自己的常识：去往购物中心，看一看哪家商店的购买者最多。这就是彼得·林奇的理念，一种“吃你自己所烹饪的东西”的理念。我不完全否认林奇的观点，但是如今这种投资方式已经过时了。《战胜华尔街》是在一个与现在不同的、互联网出现之前的时代背景下创作的，当时一家公司还能够主导一个行业，不必担心会一夜之间突然出现一位新的竞争者来抢占它的市场份额。

内部持股

这一投资原则实际上可以归结为一种常识。相较于一家管理团队少量持有或者完全不持有本公司股票的公司，我始终对一家高层管理团队大量持有本公司股票的公司更有信心得多。这是因为，相较于那些没有内部持股的公司，会有更大的动力来做一些对公司有利的事情。换句话说，如果一名CEO自己都没有持有太多他所领导的公司股票，那么他能对自己的公司有多大的信心呢？关于内部持股很好的一点是，我们很容易就能发现公司的内部人士持有多少股份。你可以从雅虎网站的财经页面和其他一些受欢迎的网站上了解到这一信息（下一章我将更加详细地介绍一些主要的网站）。你不必进行任何专门的研究，也不用进入某一个技术数据库，就可以了解到一家公司的内部持股比例。接下来我们来看一个投资者如何忽略了这一重要投资原则的例子。

在一次鸡尾酒会上，某人向你推荐一家生物技术公司，因为他从一个朋友的朋友那里听说这家公司有一种产品已经处于研发的第三阶段，食品与药物管理局很有可能会批准该产品的生产，同时该公司还可能会宣布与一家制药公司进行某一项联合开发项目。此时问一问自己，你有多少次在这种情况下更进一步地去了解了该生物技术公司的管理层是否大量持有该公司的股票？我向你保证答案一定是“从来没有”。但是，20年以来我发现，与你我这样的投资者一起持有其公司股票的管理者们，他们实施明智的风险管理的可能性更大，因为他们所持有的股票与我们所持有的涨跌一致。

当你听到或读到有管理者在卖出股份时，要运用常识。你所读到的文章中可能会说该公司的CEO正在卖出，其目的是使其投资组合多元化，或是由于家庭义务需要资金，或是为了支付女儿的大学学费，或乡村俱乐部会费。只要该CEO没有卖出与这些费用不成比例数量的股票（例如，以每股50美元的价格卖出100万股），这些情况就都是可以理解的。

每个人都会在某一时刻买卖股票。但是，正如一家公司的CEO从来不持有其公司的股票，你也就不要想买入该公司的股票，因为其中一定存在着问题。你希望CEO把足够多的资金投资到自己的公司股票中，以及适当的投资多元化保持其资产的均衡。这里并没有成文的规则，也没有具体的经验。它更多的是依具体公司而定，依具体情况而定。不过，在进行投资时，问一问你自己，你愿意把自身净资产的多大比例投入到这一理念之上，然后再问一问自己，在查看内部持股情况时，是否感觉到该公司的管理层也正像你一样对该公司投信任票。

有一些投资经理人信任某种硬性标准，他们会表示需要内部人士或管理层持有多大比例的股票。我认为这并不是明智之举，总有一些情况可能会使得这种严格的规则不适用。

例如，我们假设一家公司的CEO正在办理离婚。这次离婚促使他出售了一大批股票，以至于其持股比例减半，但他对此进行了适当的披露。这是内部人士在大量卖出，但其背后是有原因的，并且该CEO对背后原因进行了透明化的披露。关于内部持股比例必须多大，一些投资经理人有严格的规定，只有该比例达到规定水平，他们才会买入并持有该股票。然而，正如截至目前我们所讨论的许多事情一样，你需要跳出固有的思维模式，了解内部人士卖出股票的原因。

首先必须意识到这类事情的存在，然后准备好在这类事情发生时快速采取行动。

以上是一个典型的应当在他人卖出时买入的例子。当其他投资者和投资经理人可能会因为错误的原因卖出，而你则可以利用这一下跌的时机，因为这一内部人士的卖出与该公司的基本面因素和长期产生现金的能力无关。

我们再来举一个实际的例子，用以进行更加具体地说明。许多基金在进行市场宣传时会这样说道："我们只持有内部人士所持流通股达到7%的股票。"因此，一名资产管理人可能会仅仅因为内部持股状况的变化，而卖出一家成长型公司的质优股。如果你问我，我认为这并不是一种很好的策略。

卡明斯基团队曾经遇到过这样一种情况，该情况涉及食品行业的一家公司。当时该公司的CEO正在办理离婚，因此出现了大量的内部卖出。该公司没有披露该CEO卖出股票的原因，因此关于正在发生什么，市场上出现了大量的误传。

我们团队与该公司的管理层坐下来进行了一次谈话，随后发现该CEO的妻子希望立即签订离婚协议书。由于该消息并非广为人知，因此该公司的股价由于误传、谣言和各种暗示，出现了高达15%的下跌，而我们团队则利用了这一机会。这里的关键是，我们知道该CEO为什么卖出手中的股票，并且当时我们正在关注该公司关于内部卖出的披露，因此我们能够利用该消息获利。作为一名投资者，你应当留意类似的可以利用公众的误传来获利的情形。

接下来我将以值得注意的一点来结束本章的内容：内部持股情况是一种难以判断的标准，尤其如果你把它当作一个单独的概念或是变量独立出来。一些已经倒闭的公司，其中包括贝尔斯登公司和雷曼兄弟公司，都曾有着高比例的内部持股。一些公司会强迫内部人员持有大量本公司的股票。这就是为什么我们永远也不应当仅仅基于这一个因素来做出买卖决定。

第 9 章

做好自己的尽职调查

做好自己的尽职调查是选股最为关键的方面，它将帮助你完全控制自己的投资。通过掌握本书当中的所有技巧和法则，你将了解买入任何一只股票之前应当考虑哪些因素。做好自己的研究工作将有利于你跑赢其他投资者以及整体市场，不能依靠其他人来替你进行尽职调查。

正如在前几章当中所了解到的，对于买入股票，我有一些非常具体的规则。遵循这些规则的唯一方法就是，通过同时监测宏观因素（例如外部环境）和微观因素（例如特定的股票及其所属公司的管理策略等），不断地发掘出新的投资理念。这意味着需要每天花费30～40分钟左右的时间，去访问我每天早上浏览的那些网站。这不仅可以帮助你了解最新的投资理念，还将帮助你发现并分析那些将在很长一段时间内跑赢市场的股票。

我们为什么不听电视、杂志或报纸上那些所谓的专家给出的买入股票的建议呢？正如第 3 章当中所指出的，当你依赖他人的研究时，只知道他们所知道的，而他们所不知道的就会让你遭受损失的。这里有一个典型的案例：互联网泡沫期间，当纳斯达克综合指数正在从高于5000点的最高位崩跌到1200点左右的最低点时，许多出现在商业节目上的分析师建议投资者要么“坚持到底”，要么增持科技股将自己的投资翻倍。这种所谓的向下摊平是一种输家的游戏，是华尔街上的营销机器们强加给投资者的。

当纳斯达克综合指数骤然下跌到3000点时，这些“专家”告诉投资者，这只是一轮“调整”，形势很快就会逆转。数百万投资者听信了他们的意见，最后却惊恐地看着自己的投资接近 2/3 的本金化为乌有（并且这发生在指数已经从 5000 点下跌到了 3000 点之后）。

在这些“投资者”当中，许多都是短线交易者或日内交易者，他们不顾一切地想把已经损失的资金捞回来。其他少许投资者则是买入并持有的长线投资者，他们相信市场最终总是会上涨。一些出现在电视上的“专家”自己只是持有极少数股票，或者完全不持有股票，他们和一些失败的投资经理人几乎每天都会给出一些愚蠢的建议，而投资者们却听信这样的建议。他们相信“新经济时代”，相信“这一次情况会有所不同”。在新经济时代，赢利不再重要，只要网站有收入或是点击率，利润就一定会随之而来，科技股最终一定会上涨。现在我们知道了，最终结果清楚地证明，这次互联网泡沫与其他任何一次泡沫类似，事实上这次泡沫更加严重得多，因为纳斯达克综合指数市值的 75%左右——数万亿美元——在史无前例的、令人毛骨悚然的两年内化为乌有。

在本章中我将十分详细地介绍，为了确保自己始终站在这场游戏的巅峰，必须做出尽可能好的投资决定前所要进行的研究。

关于投资研究，有一个现实问题是投资者必须从一开始就了解的，我们个人投资者不可能像高盛投资公司和摩根士丹利那样的投资银行，无法接触到公司的管理层，不会被邀请到公司坐下来听 CEO 和高级别的执行官们介绍他们的新产品，或是公司的管理策略。但是，个人投资者也可以利用在互联网上接触到的工具和信息。尽管能够接触到管理层使得机构投资者比个人投资者更加具有优势，但接下来我会告诉投资者，我们需要去什么地方寻找将帮助我们做出投资决策的信息——这些信息将使得我们比以往任何时候都更加能够与大型机构投资者之间展开公平竞争。本章的目的就是帮助你判断一只股票为什么会处在某一个特定的交易价格上？股价是建立在哪些因素的基础之上？最为重要的因素包括整体经济动态、公司运营环境的变化，以及特定某一家公司内部的形势。你要设法为这家公司拍摄一张快照，一张反映了该公司今天而不是昨天或是明天的快照，要设法判断是哪些外部因素正在影响着这只股票今天的价格，你必须忘记过去的情形如何以及未来的情形可能会如何。

考虑了可能对股票产生影响的宏观因素之后，接下来你就需要查看公司内部的情况。管理层采取了哪些可能影响股价的措施？是否有新的 CEO 入驻，他改变了公司的资本结构吗？该公司是否刚刚发生了 180 的变化？改变了其长期以来所宣扬的策略？采用了某种“新的令人振奋的”策略（在涉及管理策略时，我几乎总是更愿意选择乏味而固定不变的策略，而不是新的令人振奋的策略）？这些就是我将在本章中仔细探讨的问题，因为这将决定你作为一名投资者最终的成功击球率，看看你能够多好、多快地识别出这些变化了。

2008 年离开纽伯格伯曼公司之后，我被迫与所有个人投资者相同的方式获取信息：借助互联网。正如前面所提到的，我不再能够接触到各个公司的 CEO 和管理团队，也不再能够打电话给世界上任何一家公司要求调查研究它，要求它为我提供信息，我不再能够打电话给一家经纪公司要求它的一名分析师给我回电话，也不再能够要求受邀去参加一家公司的会议或是路演。然而，这一新的现实帮助我了解到，我可以利用数百种、甚至数千种信息和数据来源，来制定出一张我打算分析和买入的股票清单，这与我 20 年前进入的投资世界是截然不同的。

我从哪里获得投资理念？

成为一名个人投资者让我获得了对某些观点和假设进行回溯测试[①]的能力。所有个人投资者都可以对自己的观点进行回溯测试，因为他拥有大量的测试工具；且他没有像许多人所认为的那样处于不利地位。我发现不再能够接触到以前所接触的信息，迫使我在收集信息时把某种准则强加到了自己身上。这是因为，你很容易就会使自己接触到过多的信息，这会导致无用的数据输入。也可能会让你陷入这样一种境况：阅读了过多的报纸，浏览了过多的网站，花费了过多的时间来进行研究，以至于开始只见树木不见森林。因此，

① 译注：back—test，回溯测试，是指将市场风险计量方法或模型的估算结果与实际发生的损益进行比较，以检验计量方法或模型的准确性、可靠性，并据此对计量方法或模型进行调整和改进。

这里的关键是高效地过滤数据，找出那些将在你管理自己的资金时对你最有用的信息。

我必须从一开始就承认，我是一只早起的鸟。我早上 4：30 到 5：00 之间就会起床开始活动，我知道你们很多人可能喜欢睡懒觉，对此我真的无能为力。我也不知道自己为什么每天晚上只能睡眠 4～5 个小时，我也希望自己能够睡更长的时间，但是我睡不着。关于何时做自己的功课，你必须养成自己的习惯，做好自己的时间安排。但是，制定一套可以获利的股市策略并不表示你必须服用咖啡因类药片，天亮起床与买入可以获利的股票之间并不相关。然而我认为，在美国股市于东海岸时间上午 9：30 开盘之前（很明显，住在西海岸的投资者们需要最早起床）开始进行研究的确会有帮助。**你每天要查看的六家重要的网站是：金融时报网（FT. com），美国全国广播公司财经网（CNBC. com），华尔街日报网（WSJ. com），纽约时报网（NYTimes. com），（eWallstreeter. com），雅虎财经网（Yahoo! Finance）**。记住，你正在设法了解自己以前并不了解的东西，以便你可以在对未来可能买入（卖出）的备选股票形成一种微观看法的同时，对经济和金融市场形成一种宏观的看法。此时我要提出一个警告：很显然，这些网站当中，没有一个网站可以单独促使你做出投资决定。但是，它们是一个很好的入手点，可以帮助你制定出自己的总体战略，以及确定某种变化是否重大到足以改变你对某一只股票的看法。

金融时报

每一个工作日的早上，我来到办公室所做的第一件事就是点开金融时报网。浏览金融时报网的原因是，获得一个更加广泛的全球视角，这十分重要。金融时报是在英国境内发行的报纸，它可以告诉你前一晚亚洲发生了什么，当天早上欧洲又在发生什么。

通常我会先看一看头版新闻，然后点击公司版面，看一看是否还有未能成功登上头版的有趣新闻（不过，这些网站绝大部分都已经成长了、成熟了，因此任何重大新闻都会被刊登到头版上）。并不是要在该网站上寻找新的观点，而是设法找出宏观方面是否有什么变化，可能导致我卖出已经在我的投资组合当中的某一只股票。

此外，还要指出的是，金融时报网上只有一部分内容是免费的，需要注册才能看到这些免费的内容，到最后必须订阅。不过订阅费用并不高，物有所值。

我经常查看的金融时报网上的另外一个专栏是“列辛顿专栏”（企业和金融专栏）。这里是一篇与某家公司或某个行业相关的评论性文章，它通常可以为你提供一些发人深思的观点。始终要注意那些具有前瞻性的文章，不要只是注意那些刻板重复当日新闻的文章。

例如，2010 年春季，金融时报网的头版刊登了一篇题为《商务应用助力苹果设备的销售》的文章。这就是一篇前瞻性的文章，它预测苹果公司新的 iPad 平板电脑将在短短几年内对黑莓手机构成威胁，尽管投资者几乎不应当根据一篇文章或是一个预测做出买卖决定，但是这一预测值得我们牢记。在与其他新闻结合起来考虑时，它可能会帮助投资者形成一种有价值的见解。正如之前所提到过的，苹果公司在其新产品发布上有着令人难以置信的历史记录，这也是该股 2009 年 4 月至 2010 年 4 月期间价格翻倍的原因之一。苹果公司在发布绝杀同类的产品（例如 iPod 音乐播放器）方面的稳定性，加上接下来几天你可能会了解到的其他一些新的信息，可能会为你提供充分的证据，帮助你决定是买入还是卖出苹果公司的股票，还是黑莓手机制造商行动研究公司（RIM）的股票。考虑到这些新的变化，为什么还可能会买入黑莓公司的股票呢？如果苹果公司的 iPad 平板电脑导致黑莓公司的股票下跌怎么办，例如下跌 10%？你或许会认为我们反应过度了，判定黑莓公司将保持它在这一市场领域的巨大优势，因为有如此多的企业因员工的需求而使用黑莓手机，因此该公司是一个很好的长期投资对象。另一方面，你可能又会认为，鉴于在新产品发布方面的辉煌历史记录，苹果公司是更好的选择。这里再次重申，我几乎从来不建议投资者基于一篇文章或市场上发生的某个事件做出买卖决定。相反，我建议你利用我在前面 3 章当中所介绍的标准，对相关股票进行持续性的评估。

举例说明，我发现了一篇最近关于卡特彼勒公司（Caterpillar）的文章，该公司是一家高端农用设备和建筑工程机械、采矿机械及林业机械制造商，该文章包含了以下内容："卡特彼勒正在考虑将重型设备的海外生产迁回美国境内的一家新工厂，这是各制造商将生产迁回国内运动的一部分，这是一次将引发制造业激烈竞争的转变。"

卡特彼勒将把生产迁回美国境内的这一举动，也就是它将工作机会带回美国境内，它的这一举动至少在某种程度上是带有政治动机的。这里我们要考虑许多方面的影响，把一些生产设备迁回美国可能会对该公司产生财务上的影响。但是，这并不会立即产生明显的财务影响。将生产迁回国内之后，卡特彼勒的生产成本将以美元计算，但它却将把很大比例的产品销往海外，收到的货款将会是外币。因此，如果美元强劲，卡特彼勒的产品需求可能会下降，因为那些以外币购买卡特彼勒产品的公司购买数量会下降。反之亦然，如果美元走软，卡特彼勒的产品需求可能会上升。这是可能会对卡特彼勒这一举动产生影响的第一个方面，接下来我们将继续讨论第二个方面——社会变革。

这里我们假设卡特彼勒通过把工作机会带回美国，获得了一些良好的政治信用或社会信用。这样，该公司可能会出现以下变化：卡特彼勒或许会看到销售额的激增，而订单来自于一些使用经济刺激资金的美国公司，因为政府要求这类资金的接受者购买美国制造的产品。这就是你应当考察的另一类事情，但是你还应当进一步研究，看一看还有其他哪些变化可能会在不久的将来对该公司产生影响。

美国全国广播公司财经网

我们要访问的第二个网站是美国全国广播公司财经网。其中一个必读的部分是我的每日博客（这里有一点儿不谦虚的自我推销成分），战略会议门户网站上的《卡明斯基的预测》。在这里，你将可以了解到我每天对市场的想法、观点与评论，许多独特而有趣的文章都刊载于该网站上。该网站还有一个很棒的特点是，你可以点击任何一只股票代码，看一看是否有组合投资经理或分析师对该股进行了评论，如果有就可以阅读该评论，设法判断其中是否有内容十分重要，足以促使你对该股进行进一步的分析。

我们以前面提到过的卡特彼勒为例。我们先是读到卡特彼勒将把更多的工作机会带回国内，并且讨论了这一决定可能产生的影响。然后我来到美国全国广播公司财经网，输入卡特彼勒的股票代码CAT，打算看一看该网站上是否有关该股的报道。在该网站上，我没有发现任何关于该股的有新意评论，只有美联社的一篇文章，其报道的绝大部分都是我在前面所提到的第一篇文章当中看到过的内容。

此时我们便可以得出以下观点：关于卡特彼勒的报道明显包含了各种（可能会对它产生影响的）变化。我们知道，这种变化可能会是汇率的变化，可能会是社会变革，事实上最终还可能会是法律法规的变化。怎么会是法律法规的变化呢？在奥巴马政府的统治下，华盛顿一直存在着大量的议论，认为对海外业务征收的税收可能会增加，而把工作机会带回美国的企业可能会获得税收补贴。如果这一点成为法律，毫无疑问，卡特彼勒将从中受益，将在同行业中遥遥领先。因此，我们需要对此进行进一步的观察，看一看我所提出的这些变化是否会成为法律。

然而，我们必须始终确保高瞻远瞩。卡特彼勒的这一举动很可能现在不会促使其股票上涨。但是，既然我们是在设法鉴定变化，那么我们现在就要回到我们的记分卡，把它的这一举动标记为未来将需要进一步分析的变化。

华尔街日报网

可以对该网站进行短时间的免费试用，试用期结束之后，尽管一些文章仍然可以免费浏览，但必须付费才能获得完全访问权限。

我认为付费访问该网站是一项很好的投资。付费之后，除了可以接触到所有优秀的文章和重要的信息以外，华尔街日报网还是一个交互式的网站，它允许你输入股票代码，随时了解正在关注的特定股票和公司相关的新闻。此外，它还允许你设置上行和下行价格参数，然后在股票触及到这些目标参数时以邮件的形式通知你。我发现这些特点极其有用。

我会在访问金融时报网之后访问华尔街日报网。这两个网站会有几篇相同的文章，因此我会在华尔街日报网上寻找新的东西。这就是为什么我通常都会直接跳到C版的“金钱与投资”（Money and Investing）。这是该报纸的关键部分，因为该部分刊载的是特定公司的报道。同样刊载在C版之上的专栏“股闻天下”（Heard on the Street）也十分有用。此外我还发现，在探测一家公司的信用状况是否发生了重大变化时，该公司的债务评级变化将大有帮助。如果时间允许，我还会去搜索关于我已经持有其股票的每一家公司的所有文章，以确保没有出现什么将导致我重新考虑是否继续持仓的情况，以此做好防守。

接下来我将主动出击，回到A版和B版，设法分析关于我或许没有听说过的，或是正在采取某种十分与众不同的措施（以至于它的行为足以有资格成为真正的变化）的某一家公司的某一篇报道。在每天所访问的每一个网站上，寻找的都是关于你之前或许已经读到过的某件事的新信息或更加详细的文章。

纽约时报网

浏览了金融时报网、美国全国广播公司财经网和华尔街日报网之后，我会因为同样的原因去浏览纽约时报网。然而，尽管该网站上有许多与华尔街日报网和金融时报网相同的内容，但是偶尔也能发现在其他任何地方看不到的东西。这就是为什么需要查看多种信息来源。在我写作本书之际，如果你在该网站上注册，纽约时报网上的内容仍然是免费的，但是有传言说该网站即将开始收费。

我们假设，截止到目前为止，你已经花费了大约 20 分钟来浏览各大网站。在这 20 分钟之内，你应当已经对于前一晚资本市场上发生了什么，美国市场目前正在酝酿着什么，以及宏观环境中正在发生的关键性事件，有了一个很好的认识。此外，还应当已经挑选出了一两家可以进一步观察的公司。

eWallstreeter. com

此时此刻，我会准备去冲第二杯咖啡来提神，因为我将开始浏览称之为非商业网站上的报道，最喜欢的网站之一就是一个叫做 eWallstreeter. com 的网站。你或许会暗自在心里询问，这不是一个商业网站吗？不是的。事实上，eWallstreeter. com 是一位名叫米奇・布朗的先生每天都会更新的博客。米奇是一名已经退休的资本市场业务交易员，曾为高盛投资公司和瑞士信贷第一波士顿投资银行服务。这是一家任何人都可以进入的免费网站。该网站的一大好处是，它可以帮助你过滤互联网上每天所产生的所有市场研究和杂音。米奇将每天所刊登的成千上万篇文章和博客进行归纳总结，然后在他的网站上刊载几篇关键性的报道，这些报道可能会是某一位投资经理人讨论他对自己的投资组合进行了什么样的调整，也可能是某种更加专业的讨论。最终结果就是，米奇替你进行了数小时的研究，并且对这些研究进行了过滤，最终将其归结为几篇关于各大公司、各大金融市场和最新市场动态的权威报道。

因此，我强力推荐该网站，因为它在突出那些可能重大到足以促使你调整自己的投资组合的关键性变化的同时，还会设法让你随时了解新的理念（只要你进行必要的后续研究）。米奇能够做到这一点，是因为他开发了一个程序，该程序利用关键词阅览谷歌阅读器，可以输入可能会引发我们前面所讨论的变化的词汇。如果非专业投资者想要随时了解新的投资理念，他所提供的这种独一无二的材料恰好可以为投资者提供他们所需要的信息，接触到来自于组合投资经理的信件、季报以及其他一些信息。

这是我每天都会浏览的一个网站。米奇在他的网站上刊载的文章内容丰富多彩。例如，2010 年的一天，在该网站上我发现了《纽约客》杂志的詹姆斯·索罗维基所写的一篇文章，标题为《确定经济复苏的时间》。索罗维基在该文章中提醒投资者不要过早地认为经济衰退已经结束。此外，还有一篇认为股票市场正在好转的文章。在《精明理财》杂志（Smart Money）（2010 年 4 月 12 日这一期）的比尔·斯瓦茨所写的一篇题为《谈股价上涨》的文章中，作者引用亚德尼研究公司（Yardeni Research）的话说：只要联邦储备委员会不上调利率，这一股价上涨的时期就会持续。

该网站上还有一些十分有趣的、超出了严格的商业范畴的文章。例如，在《福布斯》2010 年 4 月 8 日这一期所刊载的一篇十分具有煽动性的文章，作者约翰·梅达对“2020 年你的生活”进行了讨论（说到要获得一个宏观视角——毫无疑问，这篇文章做到了），在该文章中，作者就他所预期的世界在 2020 年的样子发表了一些十分有趣的看法。以下是来自该文章的一个节选：

> 届时我们将不再满足于只做一家公司的无名小辈，我们将重新发现创作者的价值。2020 年，科技将继续使得个人制造商也能够以曾经只有大型企业才能利用的方式来进行运营。我们将见证个人成长为社交媒体领域的“自我代言人”——他们将以与主要的媒体大腕们相同的方式来广播自己的新闻，或是软件应用程序市场的“自我代言人”——在这一市场领域，“鲍勃·许拉伊”①将能够在“奥多比系统”② 旁边兜售自己的产品，从伊蒂丝③网站上购买用手掌刻印的餐巾纸也将像从克拉特·巴雷④购买一样简单。可以说届时我们将回归到学会信任个人，而不是由于信赖某一种产品的品牌间接地信任某一种产品的时代。毫无疑问，我们对于品牌的信任现在已经开始受到考验。

① 译注：代指无名小辈。

② 译注：美国一家总部位于加州圣何塞的跨国电脑软件公司，这里代指所有大型软件公司。

③ 译注：Etsy，著名斯诺克球杆品牌。

④ 译注：Crate&Barrel，美国著名家具品牌。

这样的文章或许无法帮助你进行今天的投资决策，但它可能会促使你从一个不同的角度去看待某些重要的事情，或是以另外一种观点去考虑某件事情。这就是为什么至少应当快速地浏览一遍该网站上的所有文章的重要性。

雅虎财经网

这是又一个免费网站。我喜欢雅虎财经网的一点是，到了该网站可以浏览雅虎门户网站，看一看商业领域之外正在发生着什么（正如前面所提到的，这是一件好事）。如果采纳了我的建议，访问了我到目前为止所介绍的所有网站，那么截止目前你就已经看到了所有的重要新闻。浏览该网站的关键是，审查所有在你关注范围内的公司。如果你已经投资例如美国铝业公司（Alcoa），然后在华尔街日报网和美国全国广播公司财经网上均看到了一篇关于该公司的重要报道，该报道表明该公司即将发生巨大的变化，此时就要去浏览雅虎财经网，看一看该报道已经散播得多广泛。可以这么说，你应当看一看该信息是否已经散播到全球。

要设法判断你之前所看到的（关于某一只股票的）消息是已经广为人知，广为传播，还是只专属于你之前所看到的那一两家消息来源网站。你要去往雅虎财经网，输入该股票，看一看各大标题，它们将迅速告诉你真相，因为雅虎财经网会从世界各地的所有消息来源处获得数据反馈。如果在雅虎上看到了这条消息，或是同一篇报道，这就证明你认为可能专属于少数网站的这条消息事实上已经是全球皆知了（反之亦然）。如果该报道已经散播到全球，或许就不具有你之前认为自己所具有的优势了。

※　※　※　※

完成这些研究让我花费了 30～45 分钟。由于你并不是每天都在进行交易，没有指望迅速获利，也没有过度受到短期现象的影响，因此我建议你对所有这些信息进行筛选并吸收。正如我前面所说，记录下所有你正在考虑买入的股票，并保存一张记录变化的记分卡是一个好主意。在接下来的两章当中，我将讨论投资组合的构建和制定一套卖出准则。在剩下的两章中，我将就你应当利用这些研究和信息来做什么进行更加具体的阐述，而不应当做的是，读到了某个信息，然后便打电话给你的经纪人，或是来到电脑旁边，冲动地做出买入或是卖出某一只股票的决定。

信息收集工作并不一定要在上午就结束，如果你所持有的或正在观察的某一只股票到达了你所设置的某个目标点位（不管是在一轮大的上行趋势当中，还是在一轮大的下行趋势当中），这些网站当中的其中几个网站会免费给你发送邮件。尽管这种事情只是偶尔发生，但是如果让自己获得了这样一种提供给你的免费服务，当你所持有的或正在考虑买入的某一只股票发生了重大事件时，至少可以获得邮件通知。

一天当中，我会利用我的移动设备登陆美国全国广播公司财经网几次，因为你可以利用自己的电话或是黑莓手机查看是否有什么重大事件发生。不过，这只是你在路途中，或是在日常研究工作的间隙所做的事情。这些时候除了利用移动设备查看信息以外，你不需要再做其他任何事情。

最后，我不得不提及如今我正在那里打发日子的电视网，美国有线电视新闻网持有美国全国广播公司财经频道，即使没有与它合作，我也会向任何一个管理自有资金的人推荐它。该电视网在涵盖我们本章中所讨论过的许多方面（例如宏观与微观的问题）做得十分出色。电视与我们所讨论的各大网络媒体唯一的不同之处在于，你无法控制电视节目的时间表，但是你可以一星期 7 天，一天 24 小时地访问在线网站。

总的来说，互联网已经使得任何一个人能够负担得起为获取信息所支付的费用，也随时能够接触到各种信息。因此，我在本章当中所介绍的各个信息来源，以及各种可以接触到的公司数据，例如年度报告、10－Q 季报和 10－K 年报，总是会有大量信息任你使用。

这里我们要努力做的就是，利用我 20 年以来在发现最好的信息来源方面的经验，为那些希望尝试管理自己投资组合的投资者们提供一个框架。你应当确保自己所获得的信息是重点突出的、有附加值的，如果有可能的话，还应当是专属的、全球性的。

千万不要认为本章所介绍的网站清单是详尽的、完整的，这只是可供所有投资者利用的网站的一部分，这只是我每天上午安排的一个快速回顾。鉴于可利用的信息多得令人难以置信，因此确定哪些网站最适合你很重要。如果只是浏览两三家网站就可以让你感到放心，认为自己已经进行了足够的尽职调查，我也要向你致敬。这里的重点在于，要有自己的准则，要制定一个清晰的时间表，然后遵循自己的准则和时间表。这是一件需要一周 7 天都要实践的行为，不要把这项日常工作看作是困难繁琐无趣的。相反，要把它看作一项可以发人深思的、有趣的锻炼。如果你热爱股票市场的挑战与刺激，这将缓解你对于信息的饥渴，让你可以贪婪地收集比以往任何时候都要丰富的研究和信息。最后，要把收集信息当成一种乐趣。我知道，这对于我来说就是一种乐趣。我每天都盼望着起床，盼望着埋头于电脑之中，盼望着发现各种各样新的东西。我希望你也可以像我一样充满热情，像我一样充满期待。

第 10 章

应持的股票数量

自我有记忆以来，关于一个投资组合的最佳股票数量，就一直存在着激烈的争论。许多专家认为，需要成百上千只股票才能形成一个真正分散化的、或者说均衡的投资组合。约翰·博格尔，共同基金公司先锋集团的创始人，认为即使是 500 只股票也不够！他认为持有标普 500 指数对于投资者来说还不够，投资者应当持有整个股票市场——大约是 1000 只股票——以便其投资组合的涨跌与整个市场步调一致。

确定一个投资组合正确的股票数量，已经成为股市投资最具争议的问题之一。无论你是在阅读投资类书籍，还是在与投资经理人交谈，都不会缺少对于投资者的一个投资组合中应当有多少只股票的看法。毫不夸张地说，关于一个“分散化的”投资组合应当包含多少只股票，存在着成百上千种看法。

不要被愚弄，以至让自己的投资组合过于分散化。分散化——在本书中，指的是通过持有几种不同种类的股票来降低投资组合风险的行为——是一种营销工具，它可能会促使你逐渐变成一名被动型指数跟踪者。毫无疑问，你需要某种程度上的分散化，因为一切都是互相关联的，你通常不希望持有过多的同一类型的投资产品（尽管这里存在着一种例外情况，之后我将对此进行简单介绍）。然而，对于如何分散化，不存在具体而严格的方法，它是华尔街上的营销机器们所宣扬的一种容易让人误解的说法。

对你来说，保持灵活、不断变化更为重要——要一直乐于改变。股票投资组合应当是不断变化的，而不是固定不变的。

此外，作为一名投资者，你应当不受贴在不同种类股票身上的标签所约束。你不应当只是着眼于大盘股或小盘股，而应当愿意购买任何种类的股票。我们把这称之为“开放思维”，因为这将促使你能够不考虑类别，自由地选择任何股票。

为了在零增长的市场上（或任何一种市场上）跑赢市场，投资者应当持有20～30只股票。**为了跑赢市场平均指数，包含20～30只股票的投资组合是最理想的组合。**只要少于20只股票，你就是在孤注一掷，在把你的投资组合暴露于过度集中的风险之下。只要超过30只股票，你就是在冒险成为一名被动型指数跟踪者。多年以来，我们已经通过持有这一数量的股票取得了巨大的成功。当我被问及的另外一个关键性问题，是投资者应当持有哪些类型的股票？毫无疑问，我应当让这20～30只股票分布于不同行业，以免我的股票太过集中于某一两个领域，是吗？不是的，关于这一点，我也不同意某些专家的观点。

在第8章中，我们讨论了对于一家公司来说，拥有自由现金流有多么重要。本章当中，我将以这一理念为基础，因为这是一个非常重要的理念，我对此怎样强调都不为过。你应当去发现那些资本自足的公司，这一特殊的性质非常重要。如果某一个行业当中有20～30家公司全部都有能力做到这一点，那么我会推荐你买入这20～30只股票。这是一件根本无需考虑的事情，尤其是现在，在经历了数十年最严重的流动性危机之后。资本自足的公司不必借助于股票市场或者说资本市场来筹集资金，许多被迫从资本市场筹集资金的公司都在2008年和2009年流动性缺失时倒闭了，这就是为什么找出那些能够利用自己的现金来促使其业务增长的公司的意义所在。

卡明斯基团队进行合理投资组合管理的方法起源于一个简单的理念——一个投资组合应当集中持有有价证券，同时应当包含一定数量的精挑细选的有价证券。

曾有四位重要专家进行了一项广泛的研究，该研究结果表明，当一个投资组合中的股票超过20～25只时，分散化所带来的收益就会降低。这项重要研究的作者是约翰·坎贝尔、马丁·莱图、伯顿·麦基尔和许叶晓，他们所研究的股票是从纽约证券交易所、美国证券交易所和纳斯达克证券交易所随机抽取的1986～1997年之间的可交易股票。根据他们四人的说法，一名投资者如果持有25只以上的股票，其风险便不会有实质性的降低。尽管有这项研究，但是我仍然认为一次持有30只股票是可接受的，但一次持有30只以上的股票，那些表现平凡的股票就会立即稀释表现最好股票的收益。一旦超过30只，你只是在复制标普500这样的指数可能性就会增加。然而，却有无数的投资经理人和投资机构认为，要想做到真正的分散化，投资者必须持有100只或100只以上的股票。在持股的过程中，他们想要给人留下他们是出色的选股专家的印象。他们会告诉客户，他们是优秀的选股专家，而他们将通过买入标普500指数的100只成分股，即20%，来证明这一点。他们声称，这些股票将会表现得非常好，因此他们根本不需要标普500指数的其他400只成分股就可以为你获利。他们利用这一说法来为他们只是简单地买入包括了这些股票的指数，但收费标准却是平常的5倍甚至更多提供正当的理由。他们不会告诉你的是，通过持有这100只股票，他们几乎一定会获得与该指数的收益十分相近的、平淡的收益。

持有100只股票是华尔街上伟大的市场营销机器们的又一个谬论。而宣扬应当持有100只股票的并不只是投资经理人，还有共同基金经理。

例如，一般美国股票共同基金都会在其投资组合中持有大约166只股票。当然，一些共同基金将持有更多，一些则将持有更少。然而，同样地，持有这么多股票的共同基金注定了只能取得与平均指数相似的表现。

你没有理由在你的投资组合中持有100只股票。让我们综合利用常识和数学（不会利用高等微积分，所以不要担心）来对此进行分析。假设你的投资组合当中持有100只股票，并且它们的权重相同。也就是说，你持有100只股票，每一只股票占整个投资组合的1%。这些股票当中，一些会表现得非常好，一些会表现良好，一些会表现一般，一些则会表现不佳。

首先，持有100只股票的成本要大于持有比如25只股票的成本

(在后面一种情况下，我们假设每只股票占整个投资组合的4%，即每只股票占4%的仓位)，你每次买入股票都必须支付佣金，在互联网投资时代，买卖10股与买卖1000股所支付的佣金是相等的。一名持有25只股票的投资者所支付的佣金，要比持有100只股票的投资者所支付的佣金少得多——通常会少4倍。

我们假设这两种投资组合中均有一只股票猛涨，还是假设我一直以来最喜欢的股票之一，森科能源。在我们持股期间，该股的市值从4亿美元上升到了400亿美元。这是一次10000%的收益。但在包含了100只股票的投资组合中，1%的仓位出现这样的上涨，其影响微乎其微。毕竟该股只占你全部持股的1%。

然而，在包含了25只股票的投资组合中，森科能源则像其他所有股票一样，占该组合的4%。因此，该股的超凡表现对该组合所产生的影响，将是它对包含了100只股票的投资组合所产生影响的4倍。

换句话说，如果你只是在试图取得与指数相似的收益，就不要浪费自己的时间，早上起床做我们前一章所描述的所有工作，不要浪费时间去设法筛选出将出现有机增长的股票，或是派发丰厚股息的股票。相反，你只需要买入一只先锋指数基金或是标普500ETF(股票代码SPY)，然后就这样结束当天的工作。

要想在市场上赚大钱，就必须真正地参与到这项游戏当中。每只股票占组合4%仓位包含了25只股票的投资组合就满足“真正地参与到这项游戏当中”这一条件，它表明你愿意冒险持有更少量的股票，以期跑赢指数，获得正的总收益。我所提倡的方法将使你有机会在哪怕市场上其他股票都下跌时也能获利，如果遵循了我在本书第二部分当中所介绍的方法，那么即使不会获利，也将在下行市场上遭受更少的损失。

当有4%的仓位朝着对你有利的方向运动时，这一积极的结果将胜过该投资组合中其他股票的平均表现。再次重申，整本书都是关于各种定量分析策略的，而这些策略的创建就是为了支持本章的方法论。我发现，一些投资者相信这一方法论的价值，而其他一些投资者则不相信。在这种情况下，我们应当再一次忽略那些无稽之谈，凭直觉来思考这一问题。

如果打算做好自己的功课，自己进行研究，那么你应当对于持有25～30只股票感到放心，因为此时你已经让自己的投资足够分散化，同时也已经真正地参与到这项游戏当中。绝不要在一个投资组合中持有15只以下的股票，即使是当你正持有30%～40%现金的时候。少于15只股票，就是在让自己的投资组合暴露于过度的风险之下。

这里有必要指出的是，对于一名个人投资者来说，关于一只股票的仓位可以有多大实际上没有限制。很显然，对于绝大多数共同基金和指数基金来说却并非如此。在森科能源快速增长的那几年当中，许多散户放心地让森科能源的仓位占到了其整个投资组合的18%～20%，绝大多数投资顾问反对持有这么大的仓位，认为承担这么大的风险是不明智的。然而，在这一点上我强烈反对这种传统的观点。如果你认为20%的仓位在你的投资组合中占了十分大的权重，并且也能够接受该股占据这么大的权重，那么就没有必要因为某种无法创造财富的、主观武断的规则，而将这一非常成功的投资对象的一部分卖出，同时还要支付资本利得税。

需要改变这样一种观点，不要再认为你的投资组合规模或某只股票仓位大小应当由客观的定量数据来决定，这种方法并不可行。遵循这样一种刻板的方法，意味着你将不断减持正在获利的股票，因为这些股票的价格正在上涨，正在占据投资组合更大的比例。这样做将产生预期之外的结果，它将使你保留那些落后于市场的股票，那些根本没有在为你的投资组合增加价值的股票。因此，不是在保留正在获利的股票，卖出正在亏损的股票，而是让你的投资组合失去竞争力。应当遵循这样一种流程：每周查看你的投资组合，了解获利的股票将占据整个投资组合异常高的比例，然后理解并接受这一点，之后在需要遵循自己的卖出准则时，遵循自己的交易准则（正如我将在下一章中所阐述的那样）。你的目标是避开所有将迫使你做出荒谬决定的关于投资组合的硬性规则，因硬性规则而被迫做出荒谬决定是一种输家的行为。那些告诉你投资组合的构建应当不要发挥创造力的书籍和投资经理人的建议是大错特错的。

如果你足够幸运，筛选出了少数可以实现全垒打的股票，那么要弄清这些股票目前占你总资产的多大比例，然后就让这些股票的比例不断增加吧。现如今，继续持有正在获利的股票已经是本书中一个众所周知的观点了。我们一再强调，如果你的目标只是获得市场平均收益，那么不要买入个股，不要花时间去构建投资组合，也不要把你的资金交给某一位投资经理人——他将仅仅因为复制指数就向你收取1.5%的佣金，因为你只要把自己的资金投资到某个低成本的指数基金或复制指数的ETF当中，就可以更加有效地实现你的目标。

我们要始终将本书的宗旨牢记在心：不管宏观环境如何，都要为你的股市投资创造绝对正收益。记住，今后10年将十分艰难，股票将像20世纪90年代一样上涨，持有几乎任何一只股票都将为你创造财富，这一观点已经不再适用。正如我们在本书的第一部分当中所强调的，本书最重要的前提是，接下来的10年将与过去10年十分相似。

如果你在2000～2009年这10年间持有一个分布广泛、分散化的投资组合，所创造的收益为零，甚至更差。在卡明斯基团队中，当时我们基于本书所阐述的许多准则，持有一个持股集中、遵守交易准则的投资组合，我们所构建的股票投资组合创造了复合年收益为11%的惊人业绩。

一个集中持股的投资组合将在下行市场上表现如何?

我经常被投资者问到的一个问题是，更加集中持有25～30只股票这一方法在上行市场上和下行市场上表现如何？这是一个非常好的问题。举例说明，1999年，标普500指数上涨了21%，这发生在互联网泡沫破灭前的最后一年。但是，我们的卡明斯基团队利用自己严格的选股方法，构建了一个当年上涨了35%的投资组合。1997年，标普500指数上涨了33%，而卡明斯基团队的股票只上涨了31%，因此我们也不是完美的。但是，就整体来说，正如我们在前言当中所讨论的，我们跑赢标普500指数的年份要多于我们表现不如它的年份，并且某些年份我们的表现要好得多。

下面另外一个例子。我们假设，1998年12月，你利用1000美元开始投资，如果这1000美元被投资到标普500指数，2007年平仓时你投入标普500指数基金的每1美元获利1.22美元，共获利1220美元。

然而，如果把这1000美元交给纽伯格伯曼公司的卡明斯基团队，平仓时你所投入的每1美元将获利2.80美元，共获利2800美元，如图10—1所示。

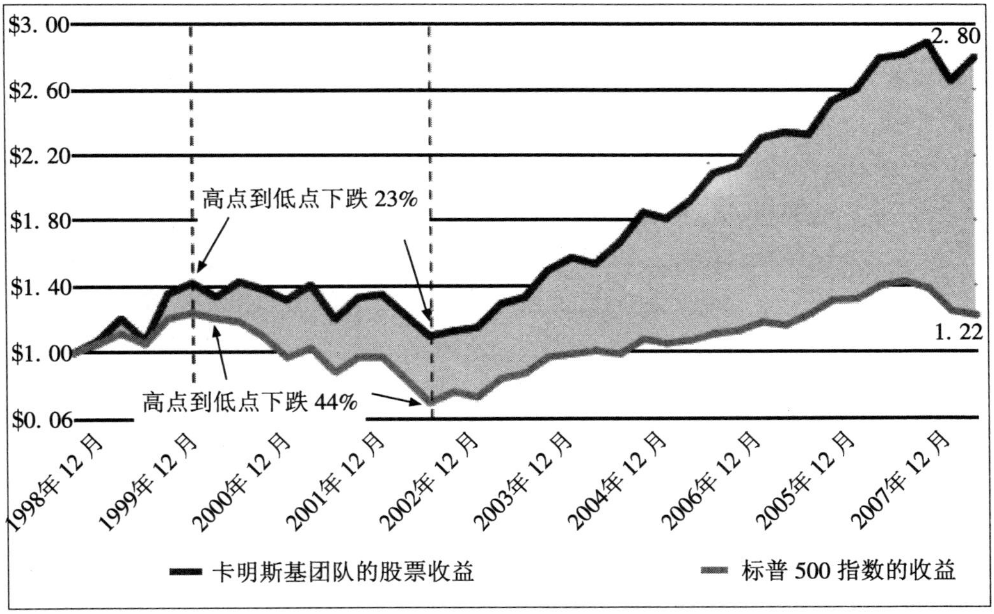

图10—1　假设投入1美元后每年的价值（整体投资表现参见前言中的表1和表2）

这是一个巨大的差距，它表明了集中持股策略在股市那黯淡无光的10年里表现得有多好。

如果查看下行年份的情况，你就会发现，与将资金投入指数基金相比，我们的集中持股方法仍然为你的资本提供了更多的保护。事实上，有人可能会认为，我们在下行年份的投资结果是最令人印象深刻的。

例如，图表10—1显示了我们在1998年12月～2007年12月期间的上升时期和下跌时期的表现。这一时期，我们70％以上的时间都跑赢了市场。这是一项不可辩驳的证据，它表明集中持股的投资组合可以在市场疲软时帮助你节省资金——当然，前提是你制定了一套严格的方法，并且始终遵循了这套方法。

接下来我们进行更进一步的探讨，来查看一些具体的年份，看一看与平均指数相比，我们表现如何。首先，2002年是2008年以前股市表现最糟糕的一年。2002年，标普500指数下跌了22％。卡明斯基团队的投资组合下跌了14％。我们取得成功的部分原因是，正如我们在本章前面所讨论过的，我们真正参与到了这项游戏当中。真正参与到这项游戏当中可以让你更快地兑现利润，因为你可以选择的股票更少。

例如，从2000年开始，市场大幅下挫，于2002年中见底。在此期间，与其他在其投资组合中持有100只或100只以上股票的投资经理人相比，我们能够更快地兑现利润。同样地，这只是常识。在一个股票数量只有上述组合四分之一的持股集中的投资组合中，我们更容易判断出哪些公司更有能力完成并保持他们的营业利润，以及持续支付越来越多的股息，等等。

这在2008年甚至更加明显，当时由于流动性危机和资本市场关闭，市场下跌了令人震惊的38％。如果你有100只股票要研究，要确定首先卖出哪只股票明显要花费你更多得多的时间。如果你持有的是一个集中持股的投资组合，并且一直在通过进行自己的尽职调查来跟踪这些股票，那么要确定首先卖出哪只股票就更加容易得多。可以更快地兑现利润，因为你更加了解自己所买入的股票。当我们查看数据时，这一点显而易见。从2000年的高点至2002年的低点，标普500指数下跌了44％。我们能够更加迅速地卖出股票，更加迅速地兑现利润，因此，从高点到低点，卡明斯基团队的投资组合下跌了23％。

这主要向你表明，当市场于2002年12月份开始反弹时，我们一开始在2000年1月投入标普500指数的1美元此时仅值66美分。

在卡明斯基团队的投资组合中，当市场（于1999年12月份）到达高点时，一开始投入的1美元价值1.40美元，同时经过艰难的两年，这1美元保存了其绝大部分的价值。

接下来我要用一个故事来强调复利的作用，而该故事来源于我的第二个儿子，汤米·卡明斯基。信不信由你，在涉及投资时，汤米是一个天才。现在15岁的汤米从10岁开始管理自己的投资组合。当时他来到我的面前，然后便发生了以下故事。

“爸爸，我刚刚在读一个故事，看到一件最疯狂的事。如果某人对你说，我先给你一分钱，然后每天翻一倍，连续给你30天，或者我一天给你1万美元，连续给你30天，你要选哪个?”这明显是一个带有假象的问题，当你把这个故事告诉投资者时，典型的回答是：“我知道这其中存在着某种假象，可这假象到底是什么呢?”

连续30天，每天1万美元，最终是30万美元；而1美分，每天翻一倍，30天之后加上复利一共是540万美元。包含100只或100只以上股票的投资组合会稀释表现最好的股票——可以完成本垒打的股票——的收益。而这背后的秘密其实根本算不上是秘密。让复利的作用为你服务吧。不要让你的投资组合脱离了你的控制，以至于稀释了你所持有的表现最好的股票的收益。不要被庞大的共同基金和他们的市场营销机器们吓倒，以至于认为自己需要持有成百上千只股票才能获利。你拥有各种投资工具、各种资源，并且可以自由获取各种信息，用来密切注视你所进行的投资，因此可以让以上所说的复利为你服务。

过度分散化是一种“想办法开脱罪责”的心态——除了这个我想不到更好的词来形容。当你把自己辛苦挣来的钱交给一名投资经理人，他为你的投资组合买入100只有价证券时，这常常是给了他一种为自己的差劲表现辩解的方法。例如，他可能会说：“没错，你的投资组合是下跌了6%，但是市场也下跌了5%，因此你的投资组合的表现与市场基本持平。”这就是一种“想办法开脱罪责”的心态，因为他为你的投资组合所设置的收益目标就是与基准收益持平。如果你自己挑选好的投资对象，保留正在获利的股票，卖出正在亏损的股票，始终让自己的投资组合集中持股，那么与在你的投资组合中持有大量股票的投资经理人相比，你的投资成绩将遥遥领先。

你需要投入多少资金?

人们总是会问我这样一个问题："加里，你曾经投资数十亿美元。如果我只有比如 1 万或 2 万美元，当然就无法做到你在本书当中所推荐的所有事情。"我对此的回答是非常明确的。你绝对能够利用 1 万美元来买入并管理一个股票投资组合。或许 20 年前互联网还不存在的时候，你无法这样做，但是今天，投资世界已经是另外一番情景。20 世纪 80 年代及以前，你买入几百股股票就需要向一名全方位经纪人支付几百美元的佣金。但是今天，你买入成千上万股股票，只需要向亚美利交易控股公司（TD Ameritrade）、亿创理财公司（E＊TRADE）及史考特证券公司（Scottrade）这样的减佣经纪人支付不到 10 美元的佣金。

此时一定会有一些反对者告诉你，不能用区区 1 万美元去投资个股，如果只有这么一点资金，你必须把它投入共同基金。我再次重申，这是一个误区。认为需要 10 万美元或是更多资金才能实现合理分散化投资是一种谬见。如今，只要不像一名日内交易者一样活跃地交易，你就可以利用一个 1 万美元的投资组合获得好的投资效益。

人们询问我的另外一个问题与投资的时间跨度有关。为了使自己获得最大的成功机会，我需要持股多长时间？如果我现在有 1 万美元，但是一年之后我可能会需要这笔钱怎么办？因为到时我的一个孩子要结婚，我可能会需要这笔钱来为她准备婚礼。在这种情况下，你就没有理由把这笔钱以任何形式（不管是买入个股还是共同基金）投入股票市场。2000～2002 年和 2007～2009 年的经历向我们表明，如果不得不在一个不适当的时机套现，可能会血本无归。不过，如果是在 2005 年投资，2007 年套现，则将获得非常好的投资结果。

因此，关于投资的时间跨度，我的建议如下。由于市场变化无常，因此我们无法进行择时交易。我的观点是，如果你认为自己可能需要在可预见的未来撤回这笔资金，就不应当用它来进行股票投资。这表示，**你不应当把任何一笔至多三年之内就需要撤回的资金用来投资。**

不过，与持有其他像房地产这样的投资产品不同，持有股票的好处是，每天都有流动性。这表示，如果意外需要资金，你将完全可以卖出手中的股票。

在构建投资组合时要谨记，许多投资产品，例如某些商品期货、不动产、私人配售及有限合伙企业的股票，都不是每天都具有流动性。在股票市场上，你至少知道自己如果意外需要资金，就可以将资金撤回。

顺便说一下，构建投资组合是一门跨领域的课题——它不仅仅只是关于投资组合的构建。这里我们设法做的是，排除那些有动机误导你的人们所说的谎话。

持股有风险。然而，持有30只股票所承担的风险，绝对不会大于持有100只股票所承担的风险，除非你持股之后什么也不做。风险最大的投资形式不是买入并持有，而是买入并遗忘。买入并持有与买入并遗忘不同。我认为买入并持有不可行——主张积极的管理，即买入并卖出。但是，买入并持有却比买入并遗忘要好得多。如果你买入并遗忘，那么是持有1000只股票，30只股票，还是100只股票，根本不重要，还不如带着你的钱去拉斯维加斯，用你的积蓄在轮盘赌上赌一把。

应当在多长时间内买入30只股票？

我一直认为这是一个很好的问题，尽管是一个很复杂的问题。你所得到的答案根据你所询问的人不同而不同。例如，如果你询问一名共同基金经理，为了保险起见，他可能会让你每月（例如每月1号）投入一点资金到他所管理的基金（这就是我们讨论过的“定期定额投资”）。这样，无论该共同基金是上涨还是下跌，你都会买入其基金份额。这类似于向上摊平和向下摊平，而具体属于向上还是向下，根据该基金每个月的每股价格而定。

接下来是根据客户投入的资产来获得报酬的投资经理人。当你找到这样一名资产管理人，交给他例如 10 万美元，此时对他最有利的是，第二天就买入全部的股票，以便这 10 万美元可以立即为他挣得投资顾问费。他会告诉你："我们认为目前的市场形势非常好，我们喜欢我们持有的股票，我们希望将你 100％的资金用来投资。"

卡明斯基团队与其他资金管理公司所不同的是，我们有自己看待事物独特的方式。我们不受万能的上帝所影响。如果某人带着 100 万美元来找我们，而我们认为只能将其中 60 万美元立刻进行投资，那么我们将把剩下的 40 万美元以现金的形式持有（我们无法从这 40 万美元上赚取任何费用）。

这是怎么回事呢？我们为什么会没有信心将整个一百万美元用来投资呢？这与信心无关。事实上，我认为把一名客户的（或是你自己的）大量资金以现金形式持有需要更多的信心。当我们认为自己的投资组合当中有 60％的股票正在以公平的价格交易，并且目前正是买入这些股票的好时机时，我们会把该客户的 40％的资金以现金的形式持有。我们认为，做出不好的或者说次于平均水平的决策仍向客户收取费用是不正当的，或者说不正确的。这是一种独特的方法，是我们能够同时跑赢各平均指数和同行的原因之一。一些投资经理人对其管理下的所有资产向其顾客收取费用，即使这些资产以现金的形式持有。我们一直认为这是一种极其不好的政策。

因此，关于你应当花多长时间满仓持有 30 只股票，答案是什么呢？答案是没有答案。如果能够在某个特定的时间内筛选出足够多的满足你的选股标准的股票，那么就满仓投资；如果不能，就不满仓投资。这就是耐心或许的确是你最重要的资产之一的时候。

从构建投资组合的角度来看，你永远也不应当只是为了满仓操作而买入股票。这是一名投资者所能做的最愚蠢的事情之一。

我们在下一章当中讨论制定一套卖出准则时会说明，当你管理自己的投资组合时，持有一些现金将会使你的操作更加具有灵活性。这可以让你在发现投资机会时，在不必廉价出清投资组合当中的任何股票的情况下，抓住机会（这里我们假设你持有的股票不到30只）。如果你满仓操作，持有30只股票，将不得不在这第31只好股票出现时，突然打乱你的投资组合，卖出某一只股票。只要你正在遵循我们的交易原则，不持有30只以上的股票，就总是会出现这样的情况。你将不得不相当迅速地确定哪只股票是最没有吸引力的，然后卖出这只股票。这是因为你需要非常严格地遵守交易准则，永远也不持有这第31只股票。如果制定了正确的交易准则，可以让自己在市场上拥有真正的优势。

第 11 章

制定一套严格的卖出准则，做好下跌时的管理

制定一套严格的卖出准则本身也是投资者必须遵循的。然而，绝大多数投资者在买入一只股票时，完全不清楚自己应当在什么样的情况下卖出这只股票。这是导致他们失败的一个致命原因。正如我已经提到过的，投资者必须有一个非常详细而具体的计划，用以确定自己将在什么情况下卖出一只股票。我们的团队制定出了一个多级计划，该计划精确地说明了应当何时平仓。

正如我的弟弟迈克尔·卡明斯基，他现在是纽伯格伯曼公司卡明斯基团队的首席投资官，曾经说过的十分有说服力的一句话：卖出一只股票比买入一只股票要困难 20 倍。这句话引起了绝大多数人的共鸣，因为正如我们之前在本书中所描述的，任何一天你都可以提出许多买入一只股票的理由和依据。一旦某一只股票满足了你的买入标准，例如我们前面所介绍过的一些标准，一旦你完成了自己的尽职调查，就可以很轻松地做出决定，开仓买入你一直跟踪的一只股票。无论何时买入一只股票，都相信自己做出了正确的决定。

卖出一只股票则完全是另外一回事。有时，卖出一只股票是在承认你曾经判断错误，这与买入一只股票有着不同的心理作用。让我举一个典型的例子来证明这一点。

保留正在获利的股票，卖出正在亏损的股票

保留正在获利的股票，卖出正在亏损的股票，是我多次重复的一条规则，它值得我们一生遵循。

我们假设一名投资者 1 月 1 日以 10 美元的价格买入了两只股票。截止到 11 月份，其中一只股票从 10 美元上涨到了 17 美元，而另外一只股票则从 10 美元下跌到了 7 美元。现实是，该投资者卖出那只上涨到了 17 美元的股票，增持那只下跌到了每股 7 美元的股票，感觉要好得多。这是因为，人类心理学会在不受股票的基本面因素、技术分析、经济或商业方面的影响情况下发挥作用。截止目前我们在本书当中所做的，以及这里正在再次尝试做的，就是让你摆脱挫败了 90%以上的投资者的心理因素。

在这个例子中，正确的选择应当是卖出 7 美元的股票（正在亏损的股票），继续持有或是增持 17 美元的股票（正在获利的股票）。

本章的目的是，帮助你制定一套卖出准则，该准则将有助于你不让人类情感影响你的卖出。我希望你学会忽视卖出一只价格已经低于买入价的股票时随之而来的感觉。当你面临一只正在亏损的股票时，会无意识地自己说："我当初错了，我犯下了错误。"就是这种下意识的反应挫败了许多投资者。

制定一套严格的卖出准则的第一步是，在买入一只股票时就确定好持有该股票的时间跨度——这是一只单向决策股还是双向决策股？关于这一话题，我们已经在第 4 章中讨论过，但是该话题十分重要，因此在介绍如何制定一套始终坚持的卖出准则内容时，我们将再次对该话题进行回顾。

以下是又一个关于一只双向决策股的例子：假设你买入了一家公司的股票，因为知道该公司即将发布一项重要的新产品，你认为该公司的管理层将在推广和销售该新产品时有良好的表现，因而该公司的估值将会上升。当你买入该股票时，心中就有了一个持股期限。在这个例子当中，我们假设你打算持股 6～9 个月，以看一看该

新产品发布的最终结果如何。这就是一只双向决策股。

在买入一只单向决策股时，你已经确定该公司拥有足够多的你所寻求的特点（例如，强劲的有机增长和不断增长的股息），你将长期持有该公司的股票。我所说的“长期”，指的是 3～5 年的时间。绝大多数机构投资经理人都把这一时间跨度看作是一个合适的时间跨度，因为这一时间跨度让投资者能够有机会见证一只股票在一个完整的商业周期内将如何表现。事实上，在这样一段时间内，一家公司通常都会经历至少一次上升周期，一次下降周期。

然而，只有当该公司表现良好，运营良好，你买入该股的原因一直没有因我们本章中将介绍的变化而发生改变时，3～5 年才是最佳的持股时间。在纽伯格伯曼公司，我们将坚持持有一家公司的股票，直到我们对该公司的管理层失去了信心，或是商业结构已经发生了巨大的变化。以上准则同样属于卖出准则。毫无疑问，这不是一种私事。你不能因为个人不喜欢某一位 CEO，就对该 CEO 失去信心。你是因为该公司管理层的一些行为违背了公司之前所提出的战略，而对其管理层失去信心。正如我们之前所提到过的，如果讨厌的管理层正在执行它之前所提出的战略，没有违背它在年度报告、其他任何重要文件或是公共论坛上所做出的承诺，那么这个讨厌就是一件好事。管理层的一些行为完全违背了它之前所提出的战略的时候，才是你应当担心的时候。这种情况的发生，通常都是因为由于竞争或宏观环境的变化，管理层被迫改变战略，或是因为该公司的战略未能达到预期的结果。不管改变战略的原因是什么，如果一家公司如此迅速地改变航向，这对投资者来说就是一个危险信号。

本章当中，我们将考察以下 5 个因素，这些因素可能会促使你的投资依据发生改变，导致你在持股远远不足 3～5 年时就卖出某一只股票。当我们谈到结构化的商业计划时，我们指的是以下 5 个因素导致该公司超越了其管理层的控制，以致管理层被迫改变其商业计划，以应对正在出现的新的不利因素。因为它们可能会成为改变游戏规则的因素，可能会损害一家公司的未来前景。投资者应当坚持持有一只股票，直到以下因素当中的一个或几个发生变化：

1. 经济环境。
2. 行业前景。
3. 公司基本面。
4. 管理战略。
5. 估值。

经济环境

投资者需要随时了解经济环境的最新变化。许多与经济、利率或其他类似的因素高度相关的股票，可能会在经济衰退时表现不佳。这就是为什么你需要始终把握经济环境的脉搏。

有一些公司不管经济环境好坏都能够增长。然而，绝大多数公司想要增长，都要依赖于强劲的全球经济。尽管绝大多数经济学家一致同意的观点极少，但是他们都赞成经济是按照周期运行的。存在着可以称之为高涨时期的上行周期（一些人把这些时期称之为“繁荣时期”），也存在着被称之为衰退时期的下行周期（一些人把这些时期称之为“萧条时期”），这是经济运行的一个自然组成部分。影响商业周期的因素是 GDP 增长（国内生产总值的增长）、家庭收入和就业与失业率。这里的关键是，你应当持有能够得益于经济增长的股票。相反，当你考虑买入或是继续持有一只趋向于在经济疲软时上涨的股票时，应当十分谨慎，这通常都是你应当避开的股票。相反，你应当持有那些不管在商业周期的哪个阶段，都能够取得明显的有机增长的股票。

例如，通常都会在经济衰退时期表现良好的两种股票是，沃尔玛这样的折扣零售商的股票，以及烟酒股这种所谓的不道德股票。这是因为，人们会在经济不景气时把自己的注意力转向这些公司，此时人们会在沃尔玛内寻找打折商品，会不停地吸烟饮酒。事实上，许多人都会在艰难时期吸更多的烟，喝更多的酒。对于个人投资者来说，好消息是，经济环境是投资者最容易长期把握的因素之一。2010 年年中，绝大多数经济学家都认为，在 2008～2009 年的经济大衰退之后，全球经济正在经历一个上升周期。许多在流动性危机当中遭受到重创的公司都正在从经济走强中获益。此时我想到的一个显著的股票板块是那些与工业生产有关的股票。但是要注意，要想长期表现良好，这些股票有赖于持续的经济增长。这是一个尽职调查尤其重要的领域。当你正在考虑特定的某一只股票时，应当拿出一张 10 年图表，看一看该公司在前两次灾难性的衰退（2000～2002 年与 2008～2009 年）当中表现如何。如果某些股票在这两次衰退当中表现特别糟糕，那么这些股票就很可能会是你在经济再次开始衰退时最先想要卖出的股票。

行业前景

了解整体经济之后，投资者接下来应当随时把握的是行业前景。能够影响一个行业的因素有很多，当你每日进行自己的尽职调查时，这是要查看的关键因素之一。能够影响一个行业的最显著的因素之一就是政策性变化或法律法规变化。例如，我们假设美国政府决定对奢侈品征收增值税，以努力帮助弥补财政赤字。此时可能会受影响的股票是蒂芙尼（TIF）、寇兹（COH）、诺德斯特姆（JWN）这类公司的股票。此外，我们再假设顾客每购买价值 200 美元的奢侈品，政府将征收 20%的增值税。这是一项能够并且也会影响整个行业盈利能力的举措。当然，这不是一本关于政治的书籍，我也并不是在评论这一特定问题的好坏，但这显然是一种可以被理解为卖出信号的变化。这是一个有因素迫使你考虑行业结构是否已经从根本上发生了变化的例子。

另外一个能够从根本上改变一个行业前景的例子是，新的竞争者出现，或是已有的竞争者推出新的技术或产品，夺取行业中剩余的市场份额。回顾历史，我们可以看一看例如空中飞行于 1903 年变成现实之后的铁路股。空中飞行改变了一切，从政治到文化，再到战争，以及现有的铁路运输等运输方式。

时间更近一些的，我们可以把 20 世纪 90 年代中期亚马逊网站的建立看作是能够对一个行业产生深刻影响的例子。亚马逊建立之前，两家实体书商——巴恩斯－诺贝尔[①]和鲍德斯[②]——统治着整个行业。然而，亚马逊永久性地改变了这个行业。不只是交付方式发生了改变，同时读者们也可以找到那些很难找到的出版物了。亚马逊可以容纳数百万册书籍，而一般的实体书店所能容纳的册数只是这个数字的零头而已。因此，当亚马逊开始销售书籍时，这可能就是一个应当卖出所有实体书店的股票的信号。

最后一个例子：有时一次合并或收购也可能会影响整个行业。例如，2010 年 5 月，美国联合航空公司宣布将与大陆航空公司合并。该公告发布后的第一个交易日，绝大多数航空股上涨，至少当天交易之初都出现了上涨。然而，在这个例子当中，如果从长远来考虑这一类型的变化，投资者可能会改变自己的看法。这是因为，联合航空与大陆航空的合并使得新成立的公司成为世界上最大的航空公司。短期来看，投资者会把这一行业的整合看作一件好事，但投资者经常没有经过思考就做出反应。从长远来看，投资者可能会重新看待这件事情，因为合并之后该行业当中就有一家占支配地位的航空公司了，这只新的“800 磅重的大猩猩”可能会产生一个不利的影响，即导致该行业的航线减少。因此，正如我们之前多次见过的，某些变化更大程度上是灰色的，而不是非黑即白的。

公司基本面

许多因素都可能会导致一家公司的基本面发生改变——管理层的变化、公司市场的变化、资本总额的变化等。一名投资者必须千方百计地了解自己的投资组合中正持有的公司的一切信息。投资者需要时刻留意那些将对他们正在投资的公司产生巨大影响的变化。这方面的例子不胜枚举。

接下来我们回过头去看一看之前所讨论过的，将其制造业务外

① 译注：Barnes & Noble，美国最大的连锁书店
② 译注：Borders，第一家进行全球性扩张的美国图书零售商

包给其他公司的那家公司的例子。在这个例子当中，存在着这样一种可能：当该公司的其中一种产品的需求激增，而该公司却无法满足需求时，该公司就会受到损害。该公司已经将其全部的市场营销预算用来创造产品需求，其产品也表现得极好，需求激增。然而，产量却明显是有限的。在这个例子中，该公司的基本面受到了深刻的影响；它已经将市场营销资金用来创造产品需求，但是如今它却没有能力满足这一需求。因而此时该公司的基本面从两方面受到了影响：一是该公司疏远了顾客，这将对其业务产生更加长远的影响；二是该公司耗资建立了产品需求，但却无法实现收入。这就是与该公司相关的卖出信号。你怎么会知道正在出现这样的情况呢？因为你早上会进行尽职调查，而这家公司没有能力满足客户需求这一事实将被详细报道于媒体之上。

有时你不得不在持有一只股票仅仅一天之后便有所反应。我们假设一家公司无法满足客户需求这一事实被媒体报道前一天，你才买入了该公司的股票。第二天，该股低开 15%，这是一种需要做出反应的情况。有一句俗话，事实上已经是一句陈词滥调："一旦橱柜里有了一瓶鸡尾酒，就不会只有一瓶，而是很多瓶。"这是一个卖出信号。你应当出清这只股票，接受那 15%的损失并离场，因为这类问题都是系统性的，并且极少会在 3 个月之内消失。换句话说，该公司很可能还会有其他问题在几天之内、几周之内或是几个月之内浮出。这就是为什么你应当立即出清这只股票，不再管它，继续其他交易。

另外还有一句话值得我们记住：**"你的第一笔损失是最有价值的损失。"**这就表示你需要有自己的交易准则，不要"嫁给"一只股票，要在即将出现变化时设法在该变化出现之前离场。你的第一笔损失是最有价值的损失，这表示向下摊平几乎总是一种错误的选择。如果你卖出并接受这笔损失，表示你已经学会不向下摊平。记住，股票市场最好的一点就是，始终能够快速地卖出。流动性是一个美好的东西。股票市场的一大好处就是，它每天都会开放，每天都会关闭——即使是在雷曼兄弟倒闭这种严重的危机期间。股票市场的作用相当于买方与卖方之间的清算机制。每当有人买入，就有人卖出，反之亦然。你的第一笔损失是最有价值的损失。当有变化发生时，不要只是坐着不动，只要该变化重大到需要采取行动，就要立即采取行动。

接下来我们再举一个能够改变一家公司基本面的例子。2008 年与 2009 年的流动性危机期间，许多公司为了对其债务进行再融资，试图把手伸向资本市场，但最终却未能成功，因为借贷市场被冻结了。任何一家发现自己陷入了这种情况——无法为自己的债务进行再融资——的公司都会发现，它的基本面已经发生改变。首先，它的资产负债表将受到不利影响。其次，该公司在投资者和投资经理人那里的信誉也将受到损害。因此，这种类型的变化是投资者需要密切注视的，以便至少能够设法在可能严重损害一家公司的基本面变化发生之前采取行动。

管理战略

很多时候，一家公司会提出一项“大胆的”新战略，并且主动向全世界公布。此时我要说，买方要当心了。这是因为，当管理层中途改变战略，这通常都不是因为一切进行得十分顺利，而是因为出现了一些外界或许看得见，或许看不见的真正问题。10 次当中有 8 次，战略的改变对投资者来说都是一种危险信号。这一类型的变化很容易得知和识别，我之前也提到过这一类型的变化。在设法识别这一类型的变化时，只需要去寻找那些几乎没有预警的突如其来的战略转变或变化。如果一家公司曾经公开宣布说没有把自己的产品出口到国外市场的计划，之后却突然这么做，那么我们就要带着怀疑的眼光去看待该公司了（或许它是担心丧失国内的市场份额，因而需要从其他地方进行弥补）。对于曾经郑重声明将进行有机增长，却突然进行了一次大的收购，这样的改变亦是如此，此时该公司会解释说，它必须收购那家竞争公司，以便没有竞争者可以打败它。

此外，还应当时刻当心那些削减股息的股票，因为这表示它要改变其资本分配策略。在涉及股息和红利时，我们已经对资本收益以及为什么会是一个如此重要的成分进行过解释，一家公司股利政策的消极变化应当引起你的注意，它可能是一个卖出信号。

而关于积极的变化，要寻找那些有一套经过了精心策划的战略，并且坚持自己计划的公司。还要去寻找那些有效实施其战略的公司，你可以通过查看年度报告和我们之前所讨论过的其他文件，以及季度收益报告这一类的文件来找到这样的公司。表现最好的公司能够持续地达到其收益预期。然而，这并不表示这类股票在公司报告其强劲收益的当天就会上涨。每年都有成百上千个这样的例子：一家公司最终实现了很好的收益，但其股票却出现了下跌。这可能是由几种不同的因素引起的。有时，一些公司达到了自身的收益预期，但却没有达到通常要高于该公司实际收益预期的“耳语数字”，即华尔街一直所散布的每家公司的收益预期。其他一些时候，则是由于“在传言证实前买入，证实后卖出”，意思是许多投资者和投资经理人认为，卖出股票兑现利润的时机恰好应在好消息被报道之后，因为此时是该股的顶峰时期，该股之后的情况不会比此时好太多了。

估值

有时，一只股票表现得非常好，其价格的上涨远远超出了你的预期。在这种情况下，你总是需要知道与其同行业相比，该股的估值如何，该股在行业当中的相对表现如何。在做卖出决定时，绝大多数投资者和投资专家都会把股票的估值放在首位来考虑，而我认为估值至多只能排在第五位。但是，这却是你最难掌握的卖出准则之一。我坚信，那些为股票设定目标价位的分析师是在浪费我的时间，浪费你的时间，浪费他们自己的时间。这是华尔街市场营销机器的又一项副产品，他们坚持认为分析师们应当根据预期收益和预期市盈率倍数，为一只股票设定一个目标价位。我认为目标价位毫无意义的其中一个原因是，公司不是静态的实体。最终的目标价位应当是一个不断变化的价位。如果你承认公司是一种三维实体，那么你就应当知道，每天都有大量能够影响一家公司股价的事情发生。

这就是为什么仅仅为一只股票设定一个目标价格就像是把你自己装进了一个盒子里。

在谈到估值时，我的建议是，首先应当知道你的投资组合当中每一只股票的市盈率倍数是多少。应当了解产生这一市盈率倍数的价格和收益。对于你所持有的每一只股票，应当知道与该公司的预期收益成比例的市盈率倍数是多少。更重要的是，应当跳出该公司，判断出该公司与整个市场和其行业竞争者成比例的预期收益应当是多少。需要意识到的是，在许多情况下，你所持有的股票市盈率倍数要高于整体股票市场的市盈率倍数，这是因为，这些公司正在创造最高品质的有机增长；在同行业当中，这些公司派发的股息最高，等等。

此外，还需要了解这样一个事实，即存在着一些高涨时期，这些时期的特点是所有股市周期内都有牛市行情。因此，虽然我不提倡频繁交易，但是我却建议动态控制卖出仓位。动态控制卖出仓位简单来说就是卖出手中的一些股份，继续持有核心数量的股份。如果由于市场上出现了高涨时期，与行业板块中的其他股票相比，我正持有的一只股票碰巧达到了一个很高的估值（意思是该股有着更高的市盈率倍数），我有时会卖出一半手中的股份，保留另外一半。为什么保留另外一半呢？

我继续持有核心数量的股份是因为，有时高涨时期持续的时间要比人们所了解到的长得多。高涨时期可能会持续几个月，甚至更长时间，因此你应当确保自己有机会把握住这种上涨趋势。

相反，在一只股票的价值相对低估的情况下，我鼓励动态控制多头仓位。当一只股票跌回到一个更加合理的价位时，买回头寸。这里我们不要把它与我们最初在第 9 章当中讨论过的向下摊平混淆了，这里我特指在股票的价格被定位到一个更加合理的水平时，增持一个可获利的头寸。这更像是向上摊平，因为你是在持有一只正在获利的股票时增持。

我要指出的是，这里不存在任何硬性的规则，也不应当为自己设定任何规则，把自己的手脚捆住，你必须运用自己的判断。动态控制仓位是一项多年以来很好地为卡明斯基团队创利的策略，这就是为什么我会在介绍如何制定一套严格的卖出策略这一章中推荐这一策略。

图 11－1 总结了本章截止目前所讨论的内容。

·投资期限通常应当 2～5 年不等 ·坚持持有一家公司的股票，直到我们对该公司的管理层失去了信心，或是商业结构已经发生了巨大的变化 ·投资依据的变化： ——经济环境 ——行业前景 ——公司基本面 ——管理战略 ——估值（宏观与微观）

图 11－1　卖出准则

税收与卖出

在制定一套卖出准则时，投资者需要意识到平仓时税收的影响。首先要提醒一句，这是又一个很难掌握的领域。因为，当把税收影响考虑进去时，关于何时应当卖出，何时不应当卖出，没有硬性的规则。

这里首先要考虑的是，你的投资组合是在应税账户还是非应税账户当中。在非应税账户当中，不管是 401（K）计划账户、个人退休金账户，还是基金账户，整个税收问题都无关紧要，没有实际意义，而其原因很明显，在非应税账户中，你在动态控制仓位时将更加灵活得多。

在卡明斯基团队中我们发现，我们最大的成功来源于创造了森科能源和金德摩根管道公司（Kinder Morgan Partners）这样的股票，使得我们获得长期的资本收益，它们是我们曾持有多年的股票。然而，这也是这一部分内容的关键，**你万万不能让一笔投资的税收**

影响你的投资进程，以及预先确定你将持有一笔投资多长时间。

当一名投资者持有一只股票满一年之后再卖出获利时，他所获得的收益将被认定为长期资本利得，其税率较低。因此，投资者自然希望将任何一只股票持有满一年，以便获得税收优惠。然而，这是投资者所犯的最严重的错误之一。让我来举例说明原因，我们假设你于 2009 年 4 月 1 日买入了一只股票，2010 年 3 月 25 日，该股所在行业的领导者决定在你所持有的公司，已经连续 3 年从中大大受益的市场领域中发动一场大规模的价格战，如果你继续持股 6 天，这笔投资收益的税率就会更低，因为届时该投资收益将被认定为长期资本利得。但是，这 6 天之内所发生的事很有可能会导致你丧失全部的获利，因为这一最新的坏消息一出，该股可能就会急速下跌。这就是为什么你万万不能让税务员来决定你应当如何管理自己的投资组合。

这里需要澄清：我并不是说你不应当意识到税收对自己投资的影响——你应当意识到。但是，当我们刚刚在本章当中所概述的五种因素之一改变了你所持有的一只或更多只股票的前景时，不要让税收成为你的一种负担，影响你最终的投资决定。这是我们在柯文公司历经艰辛才学到的东西。事实上，由于没有采取我刚刚所给出的建议，我们在美国外科（U. S. Surgical）（交易代码 USS）这家公司上遭受了大笔的损失。接下来我把时钟拨回到当时，以便你可以看一看我们当时做了什么，进而避免犯下与我们相同的致命错误。

惊涛骇浪：美国外科公司

以下是一个从赤贫到暴富再到赤贫的例子，它表明了制定并坚持一套严格的卖出策略的重要性。

美国外科公司成立于 20 世纪 60 年代，主要设计与制造各种用于外科手术的产品，其中包括手术缝合线、缝合器、心血管疾病相关产品，以及其他类似医疗设备。多年以后的 1998 年，美国外科被美国泰科国际有限公司（Tyco）收购。卡明斯基团队于 20 世纪 90

年代初介入该股。这里复述这个故事的原因是，这是一家巨大的成长型公司陷入困境，并且经历了本章前面所讨论的卖出因素之一——行业前景——的典型的例子。此外，这也是用以说明我们如何犯下了错误，允许税收影响了我们的卖出进程的最好例子。

1967 年，美国外科推出了它的第一项产品，外科手术缝合器，之后美国外科连续多年拥有整个外科手术缝合器市场，公司强劲增长。接下来强生公司于 1977 年推出了一次性缝合器，打破了美国外科对外科手术缝合器市场的占有。此外，20 世纪 80 年代初，又出现了一系列对美国外科产生严重影响的法律问题。

1987 年，该公司推出了一项新的创新产品（叫作外科套管针，它开启了腹腔镜手术领域）。然而，尽管有这一产品和其他产品的成功，美国外科却继续因为美国证券交易委员会所认定的违规行为和许多法律诉讼案而下跌。1990 年，该公司推出了另外一项伟大的新产品——“多用磁夹”，该产品实现了腹腔镜胆囊切除术。当然，我并不是在试图把本书变为一本医书，也不是在试图把你变为一名医学生，我尽可能具体地介绍这些新的产品，是为了向你表明什么因素能够促使一家公司的股票市场价值上涨——并且是大幅度地上涨。

由于这些新产品的成功推出，该公司于 1990 年经历了一次 50％的销售额增长，1991 年上半年经历了一次 75％的增长。这使得美国外科成为它那个时代所有的美国股票中，增长最快的股票之一。该公司的股价跟随着销售额的增长，于 1992 年 1 月份创出了 134.50 美元的新高。然而，由于激烈的竞争和大量的产品过剩，该公司的股票随后便开始急剧下跌。1993 年 9 月，大约在到达高点 20 个月之后，该公司的股价已经骤然下跌到了 22.50 美元。在卡明斯基团队中，我们在整个上涨过程中一直持有这只股票，但是我们在卖出时太过缓慢，因为当时我们正在试图获得长期资本利得，允许税收策略决定了卖出时机，结果损失了一大笔未实现赢利。

接下来我们继续讨论最关键，也是最容易被忽视的问题之一：风险管理。

做好下跌时的管理

我们如何做好下跌时的管理?前面许多章都为此提供了答案。通过保留正在获利的股票,卖出正在亏损的股票,你跑赢市场的几率将会大得多。此外,通过让变化成为你的指南针,以及采用一套严格的卖出准则,也将在限制下跌风险的同时增加成功的机会。

管理风险的方法之一,是投资那些管理团队有能力把公司的现金流成功地进行再投资的公司。当你买入一家公司的股份时,就变成了该公司的一名所有者。因此,要确保该公司的管理团队有能力将你的资金进行再投资,并且永远也不要试图管理与行业基准相关的短期波动,永远不要允许你自己被愚弄,导致自己基于错误的标准做出决策。掌握本书当中的各项准则和原则,将避免大量投资者的主动失误。

截止到本书的这一章为止,我们已经介绍了各种主动出击的方法。前 10 章实际上是基于我在应对各种类型的证券、市场和局势方面 20 年的经验,向你介绍了创造绝对正收益的策略,以及为你的整个组合投资策略增值的方法。但是,到最后,成功最终还是取决于遵守交易准则、执行力和风险管理,这就是为什么风险管理在决定投资成功方面会如此重要。

关于风险,商务专家兼作家查尔斯·川普曾经说过这样的话:“风险管理过程的第一步是承认风险的存在。拒绝承认是一种常见的用故意忽视代替缜密计划的策略。”这是一个我也同意的完美的观点。投资者不能只是把头埋在沙子里,然后希望一切都将进展顺利。相反,投资者需要认识到与他们的投资组合相关的风险,并采取措施规避风险。

在卡明斯基团队中,当客户要求我们介绍自己的风险管理理念时,我们通常会告诉客户:**“亏损比错失获利的机会更糟糕。”**我认为,当你把这两句话(卡明斯基团队的和查尔斯·川普的)结合起来考虑时,它所传递的信息便一清二楚了——投资的第一原则是保护好你的本金。你必须承认自己会犯错误，所有的投资者都会犯错误。知道自己是否已经犯错误，是获利投资者和亏损投资者之分的关键点。

我已经认识到，在投资当中，拒绝承认是一种影响非常大的错误。你不能允许拒绝承认让你像车灯前的麋鹿般停止前进。当知道自己已经犯下错误时，必须做出反应。企业在不断发生变化，行业也在不断发生变化。我们之前在本书中说明了经过深思熟虑的投资策略将如何受到一家公司所不能控制的某些因素的影响，而你对此做出什么样的反应关系重大。因此，必须把拒绝承认抛在脑后。

正如川普先生所说，深思熟虑的计划是卖出准则的一部分。如何系统地实施你的卖出准则是健全的风险管理最重要的因素。从某种意义上来说，它们几乎是一样的。严格的卖出准则是一种计划，而风险管理是执行。它们相辅相成，一起发挥作用。

最后，我认为风险管理是关于脑力资本的。成功的风险管理是建立在人有能力克服拒绝承认的心理，不允许自己的交易原则被人类情感所影响之上的。但是，投资界不存在能够在所有情况下保护你的本金万无一失的方法。例如，你可以为每一笔买入交易设置最佳的止损指令，但最终仍然可能会遭受比你计划当中更大的损失。

怎么可能会这样呢？设置止损指令可能是一种输家的游戏，因为该发生的事情还是会发生，你将被迫止损离场，而人类的本性将使得你不会将股票买回。那些于 2010 年 5 月 6 日为自己的股票设置了止损指令的投资者，就非常了解止损指令如何能对你造成严重的伤害（当时市场在一天之内下跌了大约 1000 个点，但却在收盘之前收复了 2/3 的失地）。例如，在这可怕的一天，宝洁公司的持有者即使把止损指令设置在低于该股 60 多美元的市场价 20 美元的位置上，其股票仍被自动卖出。当天，在基本收复失地之前，宝洁下跌了 20 多美元。因此，这里就出现了这样的投资者：他们当时努力坚守一套严格的卖出方法，最终却仍然被不受任何人控制的市场力量所压垮。这就是为什么不存在万无一失的卖出方法和硬性规则。然而，以下内容列出了保护自己和投资组合需要关注的三件事。

保护好你的投资

对于风险管理的看法我从未动摇过，而做好下跌时的管理，其关键就是保护好你的原始投资。这是几乎所有投资者都会认同的一点，因为所有投资者都知道赔钱有多痛苦。如今，投资者可以利用各种各样的方法来“对冲”其投资组合。要把任何一种可以做空的投资工具当作一种安全垫，或者更准确地说，一种投资组合保险。你为你的汽车、你的房屋购买保险，那么为什么不愿意花一些钱为你的股票投资组合购买保险呢?

20 年前，个人投资者保护一个投资组合的唯一方法是通过相当复杂的投资工具，例如买入一份看跌期权，或是卖空同行业的另外一只股票。例如，我们假设你所持有的强生公司股票已经有了一大笔盈利，但是却不想卖出兑现（只在这个假设性的例子当中，我们允许税收影响我们的卖出策略）。然而，你又担心强生公司的股票可能会由于医疗保健行业的法律法规发生不利的变化而开始下跌，此时对冲这一头寸的唯一方法就是卖空另外一只股票，卖空另外一只与该股密切相关的、像辉瑞制药一样的医疗保健大盘股，或是卖出一份与之密切相关的股票看涨期权。但问题是，强生公司的动向与辉瑞制药的动向并非完全相关。事实上，在某些情况下，这两只股票可能会有截然不同的未来。

例如，你预计在面临医疗保健领域的极其不利的法规时，这两只股票都会下跌。我们假设国会通过了这一不利的法规，该法规变成了法律，结果强生公司的股票的确下跌了 20%。然而，与此同时，辉瑞制药却宣布它刚刚研究出了新一代立普妥药物，并且该药物将半价出售，它除了能够降低胆固醇以外，还可以为秃顶的人植发。于是，在医药板块其他股票都下跌了 20%的情况下，辉瑞制药的股票却上涨了 30%。这样，你不但没有管理好风险，反而在交易的两边都遭受了损失。你当初认为可以用来保护资本的交易最终却只是一笔亏损更大的交易。不过，这种情况只发生在昨天。如今，我们已经可以用更好的方法来保护自己的本金。

如今，随着交易所交易基金和板块蜘蛛（即以特定行业板块为追踪标的交易所交易基金）[①] 的出现，个人投资者很容易就在市场上创建自己的对冲工具，用来保护自己的股票投资组合。具体应当怎么做呢？一旦你已经持有 20～30 只股票，接下来的关键就是寻找投资组合中的常见问题。组合中的某一类股票（例如科技股、能源股或制药股）的数量是否不成比例？如果没有某种交易所交易基金可供你用来卖空整个投资组合，为你提供有力的保护，我将感到非常惊讶。

整本书当中，我已经反复提及进行尽职调查的重要性。在本章当中，你需要做好自己的功课，以帮助自己判断出将卖出哪些股票，以及何时卖出。但是，我不希望你在进攻（例如，构建股票投资组合）与防守（例如管理风险）上花费同样多的时间。相反，我希望你花费大约 80％的时间来进攻，仅仅 20％的时间来防守。

在防守时，关键就是持续不断地监测你的投资组合，看一看其中是否有某个行业板块或领域权重过高。如果有，就要设法找出最紧密追踪占你的投资组合最大比例的股票板块的交易所交易基金或标准普尔存托凭证。

以下是一个具体的例子。我们假设你查看自己的投资组合后，发现组合当中将近一半的股票都来自于药品、制药、生物技术领域。我们再假设你当初选择这些股票是正确的，整体来看，自买入后，这些股票已经上涨大约 50％。此时你仍然喜欢这些股票，但是接下来可能会出现法律法规方面的变化，华盛顿地区正在讨论这一法律法规，如果获得国会通过，它将对你的投资组合当中的这一股票池产生不利影响。在这种情况下，有两种选择：一种选择是可以动态

---

① 译注：板块蜘蛛，英文为 sector spiders。SPDRs 是由总部位于波士顿的金融投资管理商道富环球投资顾问（简称：SSgA）推出并管理的交易所交易基金大家族之总称。首先在 1993 年由 SSgA 与美国证券交易所（AMEX）合作推出的全球第一支 ETF，以标准普尔 500 指数为追踪标的的“标普存托凭证”(Standard & Poor's Depositary Receipts，简称：SPDR）投资信托基金。由于 SPDR 的发音和英文“蜘蛛”(Spider）相近，而道富与美国证交所推广这些 ETFs 的广告中一贯出现一只令人印象深刻的吐丝蜘蛛，因此“蜘蛛”从此成为市场与投资者对这些 ETF 约定俗成的昵称。

控制这些股票的仓位，例如，可以将这些股票卖出一半，保留一半。

第二种选择是，找到一种合适的交易所交易基金，如果该法规获得通过，就卖空该基金，以在股票下跌时为自己提供保护。在这个例子当中，你应当卖空的板块蜘蛛是卫生保健板块蜘蛛，交易代码 XLV——它占整个标普 500 指数略低于 12%的比例。如果你不知道如何下单卖空，可以打电话给你的网络经纪人或其他经纪人，他会告诉你如何操作，并不是太困难。

你可以从什么地方了解到这些板块蜘蛛呢？投资者可以登录网站 http：//www. sectorspdr. com/，了解以下 9 种板块蜘蛛：

XLY	非必须消费品板块蜘蛛
XLP	必须消费品板块蜘蛛
XLE	能源板块蜘蛛
XLF	金融板块蜘蛛
XLV	卫生保健板块蜘蛛
XLI	工业板块蜘蛛
XLB	原材料板块蜘蛛
XLK	科技板块蜘蛛
XLU	公共事业板块蜘蛛

卖空这些板块蜘蛛当中的一个或多个，可以十分有效地帮助你规避投资组合的风险。登录网站 http：//www. sectorspdr. com/之后，你可以点击这 9 个板块蜘蛛当中的任何一个，然后再点击“持股”，就可以查看这一特定交易所交易基金内都包含了哪些股票。因此，如果不确定应当卖空哪一个板块蜘蛛，你可以花一些时间点击进入每一个板块蜘蛛，这样你就可以对这些追踪板块的交易所交易基金当中的每一只基金所包含的股票类型有一个更好的了解。

如果你查看自己的投资组合之后，发现自己持有各种各样的股票，其中没有任何一个板块的权重明显过高，应该怎么办呢？此时你有几种选择。你可以简单地通过卖空 SPY（即追踪整个标普 500

指数的交易所交易基金）来卖空整个标普 500 指数。如果卖空任何一只股票和交易所交易基金都会让你感到不舒服，因此你不想卖空它们，又要怎么办呢？此时你还有其他选择。

你可以买入 2 倍做空标普 500 指数 ETF（ProShares UltraShort S&P 500 ETF），交易代码 SDS。买入这一只交易所交易基金，你就是在购买一种非常好的避险工具。SDS 追踪的是标普 500 指数 2 倍相反投资绩效（即 2 倍做空标普 500 指数）。例如，如果标普 500 指数下跌了 5%，那么 SDS 将上涨 10%，反之亦然。

此外，你还可以买入 3 倍做空标普 500 指数 ETF（ProShares UltraPro Short S&P 500 ETF），交易代码 SPXU。该交易所交易基金的名称很长，它追踪的是标普 500 指数 3 倍相反投资绩效（即 3 倍做空标普 500 指数）。如果标普 500 指数下跌了 5%，那么该交易所交易基金将上涨 15%，反之亦然。因此，这两种交易所交易基金——SDS 和 SPXU——都是非常好的避险工具，可以帮助你夜晚睡得更好，尤其如果你像绝大多数投资者一样，没有在自己的投资组合当中持有空头头寸。

此外，还有一种非常好的选择，可以用来为你的投资组合避险，即 2 倍做空摩根士丹利资本国际欧洲指数（ProShares UltraShort MSCI Europe），交易代码 EPV。这只交易所交易基金追踪的是欧洲股市指数 2 倍相反投资绩效（即 2 倍做空欧洲股市指数）。如果欧洲股市指数下跌了 5%，那么 EPV 将上涨 10%，反之亦然。EPV 于 2010 年春末成为一种至关重要的做空工具，当时希腊正面临着破产的可能性，葡萄牙和西班牙也陷入了财政困难。当欧洲问题蔓延到我国市场，导致美国股票指数骤然下跌，与那些没有持有这一特定交易所交易基金的投资者们相比，那些持有了该交易所交易基金的投资者睡眠质量要好得多。

接下来投资者可能会问的一个合乎逻辑的问题是："我应当把多少资金分配到做空市场上？"无论你要卖空我前面所提到的几种交易所交易基金当中的一种，还是要买入一种 SDS 或 EPV 这样的做空工具，都会问到这个问题。同样地，关于这个问题，没有硬性的规则。它最终要归结为常识和你的舒适度。下面我们来举一个具体的例子。

我们假设你持有一揽子股票，共25只，价值10万美元，并且该投资组合当中没有权重明显过高的题材或者说行业板块，此时你或许会决定再花费2.5万美元来购买交易代码为SDS的交易所交易基金。如果标普500指数下跌10%（这里为了简单起见，我们假设你的投资组合同样也下跌了10%），SDS的价值将上升20%。在这个例子当中，你的投资组合（在不把SDS的收益计算在内的情况下）将损失1万美元，价值下跌到9万美元。然而，把SDS的收益计算在内之后，你的投资组合就只下跌了5000美元，下跌到了9.5万美元，因为你买入的SDS价值将上升5000美元。这样所遭受的“风险调整后的”损失就只有5000美元了。SDS为你的投资组合减少了5000美元的损失（即为你减少了50%的损失）。然而，这一切的前提是你将交易代码为SDS的交易所交易基金头寸进行平仓，锁住赢利，这样你就持有可用于再投资3万美元的流动资产了。

在对冲你的投资组合时，你将不得不面临的最大的障碍之一是，市场在你买入某种做空工具之后上涨对你的心理影响。你必须接受这样一个事实：如果你在这种工具上持有头寸，那么不管是损失还是赢利都将变得更加温和。你必须满足于风险调整后的收益率，即把你加入投资组合的做空工具的收益考虑进去后的收益率。

创建对冲工具有很多种方法，比如衍生工具合约、期权策略，等等。但是，对于为你的投资组合避险，我的观点是：保持简单化。我们不希望人们设法复制某家大型对冲基金的做法。正如我在本章当中所说的，保护资金最好的方法就是运用常识。遵循我在本书当中所介绍的准则，遵守自己的交易准则，不要把事情变得更复杂。体系是设计来让事情变得更加复杂的，让个人投资者感觉自己处于极大的不利地位的。各种电视广告想让你认为自己需要某人在安排金融资产方面为你提供极大的帮助。体系的存在是要告诉你，你自己做不到。就因为这个原因，我也要说，你做得到。

当你利用前面所介绍的工具，为投资组合的下跌购买保险时，不要做空四五种不同的交易所交易基金。选择一两种你容易理解的，然后确定你希望对冲投资组合的多大比例。理论上来说，你可以对冲投资组合的100%，但是这样一来，如果市场上涨，你的收益将为零。因此，最好只对冲投资组合的一部分，只要保证这部分足够在你的投资组合价值下跌时真正发挥作用，但是又不足以导致市场上涨时你的收益为零。

总之，成功的秘诀就是我在本书当中所强调的秘诀。保留正在获利的股票，卖出正在亏损的股票。要时刻把握你所持有的股票的动态，以持续不断地监测自己的投资组合。越能做到这一点，你所需要的投资组合保险就越少。你不必通过期权策略或是设法创建大量的对冲工具来让避险变得更加复杂，因为通过自然的研究过程，你就可以清除投资组合的风险。

一些投资者在阅读了本书这最后一章内容之后，会感到气馁，因为他们从来没有卖空过一只股票，也没有购买过任何一种他们知道如果市场上涨，就会自动下跌的东西。这样的投资者要振作精神。你不需要成为一名投资银行家，不需要与最优秀、最精明的专业投资者竞争。事实上，正如我在本章的开头所提到过的，你可能比更大的金融机构更有优势。

这怎么可能呢?

你所管理的资金越多，管理起来就越困难。所面临的资金池越大，买入和卖出就越困难，所能买入和不能买入的局限性也就越大。作为一名个人投资者，你所面临的只是数量相当少的有价证券。与船大难掉头的机构投资者相比，你实际上在很多方面都处于有利地位。

接下来请允许我用这最后的比喻来将此解释清楚。

我钟爱圣巴特岛，经常去那里游玩。圣巴特岛上是海港城市古斯塔维亚。圣诞节期间，许多来自世界各地的富人都会带着他们的巨型游艇来到岛上，例如微软公司的创始人之一保罗·艾伦，俄罗斯最富有的抑或是第二富有的人罗曼·阿布拉莫维奇，露华浓名扬四海的朗·普尔曼等。最具讽刺的是，在港湾中每个人都想滑向尽可能靠近古斯塔维亚的地方，但与此同时，随着人们的游艇变得越来越大，每个人都想拥有一只更大的游艇，这导致港湾当中没有停泊空间了，以至于没有人能将游艇驶进港湾。人们购买了这些价值2亿、3亿、4亿美元的游艇，但却不得不一路把它们停靠在加勒比海上，去圣马丁的半路中，因为他们无法将船艇驶入港湾。然而，那些用来驶向海岸的小船却能够十分平稳轻松地驶入、驶出港湾。尽管亿万富翁们正在建造越来越大型的游艇，但他们仍然需要小船来进入市区用餐。因此，你应当意识到，作为一只小船——与那些庞大的对冲基金经理人、共同基金经理人和被动型指数跟踪者相比——你可以更加轻松得多地行动和驾驶。你是敏捷的、灵活的，而庞大的投资机构则更像是无法靠近海岸的价值 4 亿美元的游艇。记住，要设法做的就是拿出自己的储蓄金，抓住各种机会，以及进行积极的管理。

为了让赢利大于亏损，必须意识到要利用自己的优势，随时掌握各种形势。此外，永远不要认为你的船太小。你可以管理 2.5 万美元，这没有问题。你不必拥有 100 万美元，希望在职业投资者的游戏当中击败他们。

作者介绍

过去20年，加里·卡明斯基一直是华尔街上最成功的投资经理人之一。1990～1992年，他是纽约一家对冲基金J.R.O联合公司的一名分析师。1992年，他加入柯文公司，充当私人银行业务部门的一名组合投资经理人，并于1996年成为该公司的一名合伙人。1992～1999年，卡明斯基先生所管理的资产从2亿美元增加到了13亿美元。1998年7月，柯文公司被出售给了法国兴业银行。

1999年5月，卡明斯基先生和他的团队加入了纽伯格伯曼资产管理公司。在他的管理下，“卡明斯基团队”所管理的资产从20亿美元增加到了他2008年6月退休时的约130亿美元。如今，卡明斯基先生是极其成功的美国全国广播公司财经频道节目《战略会议》的搭档主持。

卡明斯基先生1986年毕业于雪城大学的纽豪斯传媒学院，获得了电视广播电影管理学士学位，之后他又于1996年完成了纽约大学斯特恩商学院的金融学硕士学位。如今，加里与他的家人一起居住在纽约的罗斯林。他平日爱好跑步，已经参加过5次纽约马拉松比赛。近几年他参加过两次铁人三项比赛，并且成功地攀登到了非洲坦桑尼亚的乞力马扎罗山顶峰。过去，他总是把自己看作一名优秀的滑雪运动员，但是近几年却出现了这样一个事实：他的儿子们在滑道上甚至比他更优秀。